大学生心理健康与课程实践研究

王芳芳　单永花　曾茂春 ◎著

中国华侨出版社

·北京·

图书在版编目（CIP）数据

大学生心理健康与课程实践研究 / 王芳芳，单永花，
曾茂春著 . -- 北京 ：中国华侨出版社，2022.8
ISBN 978-7-5113-8787-5

Ⅰ . ①大… Ⅱ . ①王… ②单… ③曾… Ⅲ . ①大学生
－心理健康－健康教育－教学研究 Ⅳ . ① G444

中国版本图书馆 CIP 数据核字 (2022) 第 094188 号

大学生心理健康与课程实践研究

著　　者 / 王芳芳　单永花　曾茂春

责任编辑 / 江　冰

责任校对 / 孙　丽

经　　销 / 新华书店

开　　本 / 787 毫米 ×1092 毫米　1/16　印张 /10.75　字数 /242 千字

印　　刷 / 三河市金兆印刷装订有限公司

版　　次 / 2023 年 7 月第 1 版　2024 年 7 月第 2 次印刷

书　　号 / ISBN 978-7-5113-8787-5

定　　价 / 48.00 元

中国华侨出版社　北京市朝阳区西坝河东里 77 号楼底商 5 号　邮编：100028

编辑部：（010）64443056　传真：（010）64443979

发行部：（010）88189192

网址：www.oveaschin.com　E-mail：oveaschin@sina.com

如发现印装质量问题，影响阅读，请与印刷厂联系调换。

前　言

　　教育改革和社会发展为大学生带来机遇与挑战的同时，也带来了较大的心理冲击，使大学生面临的学习、生活和就业压力明显增大，导致大学生心理问题增多。因此，大学心理健康逐渐被各高校重视，开设大学生心理健康课程是改善大学生心理健康问题的主要措施之一，通过开展心理健康课程实践研究，引导大学生掌握心理健康知识，学会调适自我心理的方法，激发自身潜能，从而提高心理健康水平，使大学生心理健康课成为维护大学生的心理健康的有效途径。

　　鉴于此，笔者撰写了《大学生心理健康与课程实践研究》，在内容编排上共设置7章：第一章作为本书论述的基础和前提，主要阐释大学生心理健康的基础知识、大学生心理健康的标准及其影响因素、大学生心理健康的维护与促进；第二、三、四章探讨大学生心理健康的内在动力、自我认同与自我实现；第五章是大学生心理健康的环境与咨询管理，内容涵盖环境适应心理、心理咨询及其途径、危机干预管理；第六章论述大学生心理健康的课程教学及其评价，包括课程教学内容、教学组织与评价及方法；第七章围绕大学生心理健康课程设计的具体操作、教学策略与保障进行研究。

　　全书力求达到理论与实践相结合，让读者在学习基本方法和理论的同时，巩固所学知识，提高自身的行为能力，实现自我启迪，更好地了解自己，并不断完善自我，使大学生真正掌握并应用心理健康知识解决实际问题。

　　笔者在撰写本书的过程中，得到了许多专家学者的帮助和指导，在此表示诚挚的谢意。由于笔者水平有限，加之时间仓促，书中所涉及的内容难免有疏漏之处，希望各位读者多提宝贵意见，以便进一步修改，使之更加完善。

目　录

第一章　绪　论……………………………………………………… 1

　第一节　大学生心理健康的基础知识 ……………………………… 1

　第二节　大学生心理健康的标准及其影响因素 …………………… 6

　第三节　大学生心理健康的维护与促进 …………………………… 13

第二章　大学生心理健康的内在动力 …………………………… 15

　第一节　大学生心理健康的情绪管理 …………………………… 15

　第二节　大学生心理健康的人际交往 …………………………… 24

　第三节　大学生心理健康的挫折与压力 ………………………… 29

第三章　大学生心理健康的自我认同 …………………………… 45

　第一节　大学生心理健康的自我发展 …………………………… 45

　第二节　大学生心理健康的人格健康 …………………………… 49

　第三节　大学生心理健康的自我完善 …………………………… 59

第四章　大学生心理健康的自我实现 …………………………… 72

　第一节　大学生心理健康自我实现的基础 ……………………… 72

　第二节　大学生心理健康自我实现的标志 ……………………… 80

　第三节　大学生心理健康自我实现的终极目标 ………………… 86

第五章　大学生心理健康的环境与咨询管理 ………………… 91

　第一节　大学生心理健康的环境适应心理 ……………………… 91

　第二节　大学生心理健康的心理咨询及其途径 ………………… 98

　第三节　大学生心理健康的危机干预管理 ……………………… 105

第六章　大学生心理健康的课程教学及其评价 …………………… **109**

　　第一节　大学生心理健康课程教学的内容 ……………………… 109

　　第二节　大学生心理健康课程的教学组织 ……………………… 113

　　第三节　大学生心理健康课程评价及方法 ……………………… 118

第七章　大学生心理健康的课程实践研究 …………………… **126**

　　第一节　大学生心理健康课程的设计 …………………………… 126

　　第二节　大学生心理健康课程设计的具体操作 ………………… 132

　　第三节　大学生心理健康课程的教学策略与保障 ……………… 141

参考文献 ……………………………………………………………… **163**

第一章 绪 论

第一节 大学生心理健康的基础知识

教育部在《普通高等学校学生心理健康教育课程教学基本要求》中指出："加强和改进大学生心理健康教育是全面落实教育规划纲要、促进学生健康成长、培养造就高级专门人才的重要途径，是建设人力资源强国的重要举措，是全面提高高等教育质量、加强和改进大学生思想政治教育的重要任务。"大学生心理健康的重要性已越来越为大家所认知，如何做到大学生的心理健康的维护与促进已成为高等教育的重要任务，成为每个大学生关心的重要问题。

一、大学生心理健康的现状

第一，多数大学生的心理比较健康。当代大学生作为青年中文化层次最高的社会群体，被认为是风华正茂的一族，根据全国各地大学生心理健康状况的测评，多数大学生的心理都比较健康。他们具有较高的智力水平，有强烈的求知欲；有较稳定的情绪，乐观自信，有年轻人的朝气和活力，对未来满怀憧憬；有较健全的意志，不怕困难，果断、顽强，有自制力；人格基本完整统一，敢于竞争，努力向上，积极进取；有较完善的自我意识，能较好地认识自己，悦纳自己；有较好的人际关系，对社会现实有比较客观的认识。

第二，大学生是心理障碍的高发群体。心理障碍是所有心理与行为失常的总称，大学生心理健康的总体水平低于同年龄青年和正常成年人。

第三，大学生心理问题分布具有一定的特点。大学生日常所遇到的心理问题在性别、年级、城乡等方面均呈现出一定的分布规律，这与他们的心理特点、生活方式及所遇问题的性质等因素密切相关。不同年级的大学生出现的问题不同，大一主要是新生适应不良问题，如人际关系、生活方式、学习方法等的不适应；到了大二，日常琐事引发的矛盾也随之而来；大三、大四的突出问题是恋爱情感问题、求职择业问题等。其中，大二学生心理问题发生率在大学各年级中最高。此外，情绪问题（尤其是自卑问题）、学习问题等也占有一定比例。从城乡生源而言，城市学生涉及的心理问题较广泛，但比例均较低，如人际交往、个性塑造、能力培养、事业发展、情感问题等；而农村学生的问题则多集中在人际交往、自卑情绪和环境适应上。

二、大学生心理健康的意义

高校心理健康教育是面向全体大学生的教育，是为了大学生的健康、快乐、成功，或者说，是为了大学生更健康、更快乐、更成功。具体而言，心理健康对大学生的健康成长、全面发展具有以下方面的意义。

（一）促进大学生成才

实现大学生的心理健康，是大学生心理健康教育的最终目的，而心理健康对大学生成才是至关重要的。人的一切思想、行为和活动都是以一定的心理活动为前提的，都是在人的心理调节下进行的。因此，大学生能否成才，在很大程度上取决于其心理是否健康。

第一，大学生的心理健康状况直接影响他们的学业。教学的效果在很大程度上取决于学生的内在心理状态如何，积极、热情的情绪是推动学习的内在动力。健康的心态能强化人的智力活动，促进智力的发展，从而有利于学业的完成。心理健康的大学生，精力充沛，学习效率高、效果好。他们有广泛的兴趣、爱好和强烈的好奇心，在完成专业课程的学习后，能广泛阅读各种课外书籍，丰富和完善自己的知识结构。具有健康心理的大学生能正视学习和生活中遇到的各种冲突和挫折，积极克服内外干扰和困难，努力进行自我调节，更好地去适应大学生活，保证学业的顺利完成。

第二，大学生心理健康状态直接影响其潜能的开发。教育的目的之一就是要开发受教育者的潜能。良好的心理健康素质和潜能开发是相互促进、互为前提的，健康的心理，如良好的自信心、积极的情绪、坚强的意志、完善的人格等，能使人的感知变得敏锐、思维趋于灵活、记忆力获得增强、头脑更加清醒、精神更加饱满，容易形成新的神经联系，促进大脑机能的发育、心理效能的发挥，最终使其潜能得到充分发挥。

（二）提高大学生综合素质

2021 年 7 月，教育部办公厅印发《关于加强学生心理健康管理工作的通知》，要求进一步提高学生心理健康工作针对性和有效性，切实加强专业支撑和科学管理，着力提升学生心理健康素养。从发展心理学的角度而言，每个人生发展阶段都有相应的发展任务，一个人的发展就是不断完成其人生发展任务的过程。而心理健康是完成好这些任务的保证。同时，这些任务的完成情况又会直接影响人的心理健康，两者相辅相成。心理素质包括智力素质和心理健康素质，智力素质为认知能力，心理健康素质主要指人格。大学生综合素质（包括科学素质、道德素质、人文素质等）的提高，在很大程度上要受到心理健康素质的影响。大学生各种素质的形成，要以心理健康素质为中介，创造意识、自主人格、竞争能力、适应能力的形成和发展要以心理健康素质为先导。心理健康素质是激发和促进人的全面发展的内在动力，它不仅影响大学生其他素质的形成与发展，还影响大学生其他素质的发挥。大学生综合素质的强弱，主要取决于他们心理健康素质的高低。

（三）培养大学生的健全人格

大学阶段是大学生人格形成和发展的阶段，不仅要重视知识的获得、智能的提高，而且要重视优良品质的形成和健全人格的塑造。健康的心理与大学生的人格发展密切相关，并直接影响个体人格的发展水平。健全人格的标准是人的心理健康的高层次标准。因此，健康的心理是大学生人格健全发展的基础，它有助于大学生人格的健康，促使大学生全面、和谐地发展。

（四）提升大学生的适应能力

适应具有重要的意义，物竞天择，适者生存。大学生经过努力的拼搏和激烈的竞争，进入了一个全新的生活天地，他们如何适应大学的学习方法，适应大学的生活环境，适应大学的人际关系；毕业以后，如何适应工作要求，适应婚姻生活，适应社会竞争等，都与其自身心理健康水平有关。适应能力强的大学生，能够充分利用环境中的有利条件，改变不利条件，求得不断发展，在生存竞争中取胜；而适应能力弱的大学生，与环境不相容，使自己的发展受限，在生存竞争中往往容易被淘汰。适应能力强与弱在很大程度上取决于心理健康的水平高低。心理健康的大学生，能与现实保持良好的接触，对周围的事物常有清醒的认识，既有高于现实的理想，又不沉湎于幻想，对生活中各方面的问题和困难不回避，积极进取，能以切实有效的方法加以处理。

知识经济时代的竞争，归根到底是人才的竞争。科技的发展、经济的振兴，乃至整个社会的进步，都取决于优秀人才的培养和人才素质的提高。而心理健康水平、心理素质是人才素质系统的基础。

三、大学生心理发展特点与常见问题

（一）大学生心理发展的特点

第一，认知发展特点。认知是一种认识过程，指人在认识客观事物的过程中，为了弄清客观事物的性质和规律而产生的心理现象。总体而言，大学生的认知发展已经达到了较高的程度，也逐渐形成了自己的认知风格。他们不仅感知能力趋于完善，具有在抽象水平上精确地掌握理解各种事物及其关系的能力，而且在想象、独立思考等方面的能力也有很大的提升。但受青春期自我中心的影响，在看问题时容易陷入非黑即白的思维中，批判性有余而客观性不足，有时显得不够成熟。

第二，情绪发展特点。在生活中，情绪反映着每个人内在的心理状态。大学生正处在青年期，具有青年人共有的情绪特征，往往情感丰富、情绪体验强烈，容易激动，情绪来得快，平息得也快。因此，大学生的情绪特征正处于由波动性向稳定性逐步过渡的阶段。

第三，意志发展特点。意志是人自觉地确定目的，并根据目的调节支配自身的行动，克服困难，实现预定目标的心理过程，它是人的意识能动性的集中表现。大学生的意志品质已呈现出较高的水平，但发展不平衡，呈现以下特点：首先，自觉性有很大提高，但惰性不同程度地存在。其次，理智感大大增强，但自制力仍显薄弱。再次，有毅力，但持久性相对不足；独立性明显提高，但伴有依赖性、逆反性。最后，果断性增强，但带有一定的冲动性。大学时期，大学生的各种意志品质迅速发展，但仍没有最后定型，意志品质发展具有不平衡性和不稳定性，有一定的可塑性。

第四，自我意识发展特点。进入大学的学生，都会思考"我是谁""我为何上大学"等问题，这些都是大学生自我意识的体现。生活阅历与学习特点决定了大学生自我意识的独特性。从大学生的自我认知而言，主要表现在自我分析的广度拓宽但深度不够，自我认识的自觉性和主动性明显提高，自我评价能力提高但较为客观，有片面性；从大学生自我体验而言，其形式显现出丰富性、敏感性、波动性和深刻性等特点，其内容则显现出自尊和自卑共存、开放性与闭锁性同在等特点；从大学生的自我调控而言，自我控制能力较中小学阶段有所提高但仍然相对较弱，自我完善的愿望强烈但行动落后于想法。

而对社会竞争的力，许多大学生感到不知所措，产生了心理上的不适应：面对学习、生活、人际交往、自我意识和就业等问题，不少大学生苦闷、孤独、焦虑、冷漠甚至精神崩溃，由此可见，大学生的心理健康状况不容乐观。

（二）大学生常见的心理问题

在大学生的心理发展过程中，自身的年龄及心理特点与现实生活发生了一系列冲突，如果能通过努力和他人帮助处理好这些矛盾，就能促进其心理健康发展；反之，如不能很好地协调，则可能诱发一系列心理问题。大学生中最常见的心理问题包含以下方面。

第一，生活适应问题。新生来到大学后，衣、食、住、行等方面都要自主独立进行，在自我认知、同学交往、自然环境等方面都需要调整适应。由于目前大学生的自理能力、适应能力普遍较弱，所以在大学生中生活适应问题广泛存在。

第二，学习问题。进入大学后，部分学生会突然觉得学习压力没有以前那么大，再没有人要求自己必须学习，从而放松学习，降低学习动机，等到学期结束或是毕业前夕，才发现已经存在较严重的学习问题。还有部分学生缺少自主学习的能力，不适应大学里的学习方法，进而感到学习吃力、学习压力大。

第三，人际交往问题。进入大学不仅意味着来到了一个新的学生活环境，也意味着进入了一种新的人际关系之中。面对来自全国各地不同口音、不同生活习惯的同学，如何建立和谐良好的人际关系就成了不少大学生所面临的难题。部分大学生对人际交往抱有比较理想化的期待，对他人要求过高，一旦他人没有实现，就会产生消极情绪或造成对人际交往的不满。还有一些学生，由于自身的缺陷或不足，产生强烈的自卑或自负情绪，不敢或不愿意与他人进行交往。

第四，独立和依赖的冲突问题。进入大学后，大学生的成人意识逐渐增强，渴望独立和自由，强烈要求社会和他人承认其成人资格。但由于他们生活经验不足，无法完全靠自己的能力去处理一些生活中的复杂问题，特别是他们在经济上不独立，不得不依靠父母和学校。因此，在大学生身上，一方面有强烈的独立意识；另一方面却又不得不依赖他人。

第五，理想和现实的冲突问题。大学生步入大学后在脑海里都会设计美好的未来，然而现实中的种种客观因素会影响到理想的实现，这一矛盾严重影响大学生的心理状态。大部分学生试图努力重建被现实排斥的自我，重新树立人生目标，也有部分大学生企图逃避与现实的冲突而变得消极颓废、悲观失望、心理失衡、看不清前进的方向、目标模糊、成就意识淡薄。

第六，情感情绪困扰问题。学习负担重，社会竞争激烈，心理压力大，人际交往等问题常使大学生的情绪处于紧张状态。大学生这一年龄段的人群又有其特殊的心理特征和情绪表现，因此，在生活中必然会有一些情绪困扰他们的心理，这使得他们容易大喜大悲，情绪很不稳定，这些都直接影响着大学生心理的健康发展。

第七，求职择业方面的心理问题。在大学的最后一学年，大学生最大的心理压力之一是求职择业。在求职择业的过程中，面对激烈的就业竞争，许多大学生困惑不已，长期的内心矛盾逐渐演变为心理障碍，如焦虑、抑郁等。

第二节　大学生心理健康的标准及其影响因素

一、大学生心理健康的标准

（一）大学生心理健康标准的类别

根据大学生这一特殊群体的年龄特征、心理特征和社会角色特征，将我国当代大学生心理健康的基本标准划分为如下方面。

1. 正常的智力

智力是指一个人认识能力与活动能力所达到的水平，是人的观察力、注意力、记忆力、想象力、思维能力、创造力和实践活动能力等的综合，包括在经验中学习或理解的能力、获得和保持知识的能力、迅速而又成功地对新情境做出反应的能力、运用推理有效地解决问题的能力等。

智力正常是大学生学习、生活、工作的最基本的心理条件，是大学生胜任学习任务、适应周围环境变化需要的心理保证。因此，智力正常是衡量大学生心理健康的基本标准。一般而言，大学生的智力是正常的，甚至相对于同龄人，其智力总体水平较高。因此，衡量大学生的智力水准，关键在于大学生的智力是否正常地、充分地发挥了效能。大学生智力正常且充分发挥的标准是：有强烈的求知欲和浓厚的探索兴趣，智力结构中各要素在其认识活动和实践活动中都能积极协调地参与，并能正常地发挥作用，乐于学习。

2. 健康的情绪

情绪健康的主要标志是情绪稳定和心情愉快，这是大学生心理健康的一个重要指标，因为情绪在身心健康中起着核心作用，情绪异常往往是心理疾病的先兆。大学生的情绪健康应包括以下方面。

第一，愉快情绪多于不愉快情绪。一般表现为乐观开朗，充满热情，富有朝气，善于自得其乐，对生活充满希望。

第二，情绪稳定性好，善于控制和调节自己的情绪，既能克制约束，又能适度宣泄，不过分压抑，使情绪的表达既符合社会的要求，也符合自身的需要，在不同的时间和场合有恰如其分的情绪表达。

第三，情绪反应是由适当的原因引起的，反应的强度与引起这种情绪的情境相符合。

3. 健全的意志

意志是人在完成一种有目标的活动时，所进行的选择、决定与执行的心理过程。意志健全的人在行动的自觉性、果断性、顽强性和自制力等方面都表现出较高的水平。

意志健全的大学生在各种活动中都有自觉的目的性，能适时地做出决定并运用切实有效的方法解决所遇到的各种问题，在困难和挫折面前，能采取合理的反应方式，能在行动中控制情绪和言行，而不是盲目行动、优柔寡断、轻率鲁莽、害怕困难、意志薄弱、顽固执拗、言行冲动。

4. 完整的人格

人格在心理学上指个体比较稳定的心理特征的总和。人格完整是指有健全统整的人格，即个人的所想、所说、所做是协调一致的。大学生人格完整的主要标志包含：首先，人格结构的各要素完整统一；其次，具有正确的自我意识，不产生自我同一性混乱；最后，以积极进取的人生观作为人格的核心，并以此为中心把自己的需要、愿望、目标和行为统一起来。

5. 适当的自我评价

适当的自我评价是大学生心理健康的重要条件。大学生是在与现实环境和他人的相互关系中，以及实践活动中认识自己的。一个心理健康的大学生对自己的认识，应比较接近现实，有自知之明。对自己的优点感到欣慰，但又不至于狂妄自大；对自己的弱点既不回避和否认，也不自暴自弃，而是善于正确地自我接受。

6. 和谐的人际关系

社会的人总是处在一定的社会关系中，大学生也同样离不开与人打交道。和谐的人际关系既是大学生心理健康不可缺少的条件，也是大学生获得心理健康的重要途径。大学生人际关系和谐表现为：首先，乐于与人交往，既有稳定而广泛的人际关系，又有知心朋友；其次，在交往中保持独立而完整的人格，有自知之明，不卑不亢；再次，能客观评价别人和自己，善于取人之长补己之短，宽以待人，乐于助人；最后，积极的交往态度多于消极态度，交往动机端正。

7. 较强的适应能力

较强的适应能力是心理健康的重要特征，不能有效处理与周围现实环境的关系是导致心理障碍的重要原因。

心理健康的大学生，应能和社会保持良好的接触，对社会现状有清晰正确的认识，思想和行动都能跟得上时代发展的步伐，与社会的要求相符合。当发现自己的需要和愿望与社会需要发生矛盾时，能迅速进行自我调整，以求和社会协调一致。

8. 符合年龄特征

大学生应具有与年龄和角色相适应的心理行为特征。如果一个大学生经常严重地偏离这些心理行为特征，则有可能是心理异常的表现。

（二）大学生心理健康标准的特性

第一，心理健康具有相对性。绝对心理健康只是一种理想状态，大多数人在某个阶段或多或少都会有一些心理问题。判断一个人的心理健康状况，不能简单地根据一事一时下结论。心理健康是较长一段时间内持续的心理状态，一个人偶尔出现一些不健康的心理和行为表现，并不等于这个人的心理就是不健康的。心理健康的人也可能会有轻微的心理问题，或某段时间内出现暂时的心理失衡，没有一点心理问题的绝对心理健康是不存在的。而且，从社会文化的角度而言，心理健康也具有相对性。心理健康标准是随着时代变迁、社会发展、制度变革、社会文化背景的差异而变化的。特定的社会文化对心理健康的理解取决于该文化对心理健康的各种特征所持的价值观，这也是不同的国家、同一个国家的不同地区、同一个地区的不同阶层（如年龄、文化、职业、性别）需要有不同的心理测量常模的原因。

第二，心理健康具有连续性。人的心理健康状态不是只有健康与不健康两个泾渭分明的对立面，在健康与不健康之间存在着一个巨大的量变过程。从出现发展性问题到适应性问题再到障碍性问题，心理问题的严重程度是逐渐增加的，从健康到不健康有个逐渐过渡的过程。因此，心理健康状况与其说是正常与异常这两种类型上的差异，不如说是程度上的差异。

第三，心理健康具有动态发展性。心理健康状态并非静止的，而是处在不断变化之中，它随着人的成长、环境的变化而改变，既可以从不健康转变为健康，也可以从健康转变为不健康。因此，应用发展变化的眼光判断大学生的心理健康状况。通常而言，有些不健康的心理行为可能是人在成长中不可避免的发展性问题，或暂时性的心理表现，其状况会随着自身的发展而自行消失。

第四，心理健康具有整体协调性，把握心理健康的标准，应以心理活动为本，考察其内外关系的整体协调性。从心理的构成要素而言，无论哪一方面要素的缺损或丧失，或各要素之间不能协调地进行符合规律的运作时，都会危及心理健康；从心理过程而言，人的心理活动应是一个有机统一的协调体，认知是健康心理的起点，意志行为是人格的体现，情感是认知与意志行为之间的中介因素，只有认知、意志、情感以及行为协调统一，一个人才能实现心理健康；从个性角度而言，稳定性是个性的基本特征。因此，如果没有受到明显的、剧烈的外部因素影响，一个人的个性是不会轻易发生变化的，否则说明其心理健康状况可能发生了变化。

第五，心理健康具有差异性。组成心理健康标准的各要素，在个体身上并非同等发展，而是具有差异性的，即某些心理要素可能比另一些心理要素表现得更健康些或更不健康些，而且在不同的时间和场合可能会有所差异。

第六，心理健康具有延伸性。心理健康标准反映的是个体良好地适应社会生活所应具备的心理状态的一般要求，而不是最高的心理境界，即心理健康具有延伸性。因此，为了充分发挥自身潜能，达到最大可能的自我实现，每个人都应该把提高心理健康水平、充分发挥自身潜能、促进自己全面发展作为自己终其一生的发展任务。

最后，需要强调的是，心理是否健康（尤其是否出现心理障碍）需要心理专业人员的鉴定，大学生不能随便给自己或他人贴上某种标签，以免产生不良的心理暗示。

二、大学生心理健康的影响因素

大学生正处在人生发展的高峰时期，是国家的希望，社会的未来。大学生一方面正处于心理发展的特定阶段；另一方面又经历着社会变革的冲击。因此，在成长过程中出现种种矛盾和问题乃至出现心理问题也是正常的。科学把握大学生心理健康的影响因素，对提高大学生心理适应能力、优化心理素质、进行针对性的自我调整有着重要意义。

（一）大学生心理健康内在的影响因素

1. 生物学因素

对大学生的心理健康产生影响的生物学因素主要有以下方面。

（1）大脑的器质性病变和有害物质的侵入。根据临床观察和专家的研究分析，脑器质性病变，如脑肿瘤、脑萎缩、脑炎、脑血管疾病、脑外伤等，会直接导致各种心理异常表现，甚至出现意识障碍、智能障碍、情感障碍和人格异常等。麻醉剂、兴奋剂、镇静剂，以及长期酗酒、大量吸烟等导致的中毒现象也会改变人的正常心理活动。

（2）躯体疾病。各种躯体疾病，尤其是慢性疾病，常可使人变得烦躁不安、敏感多疑，情绪稳定性降低，行为控制力减弱，兴趣缺乏，人际关系变得紧张，严重的还可能导致心理障碍，包括情感障碍、智能障碍和人格改变等。

（3）遗传因素。在精神疾病中，尤其是在精神分裂症、躁狂症、抑郁症等的发病因素中，遗传因素占有重要的地位。

（4）神经系统发育的健全性。神经系统发育不健全，如大脑皮层和皮层下神经组织之间的相互协调作用有某种障碍，大脑皮层的兴奋和抑制过程的协调作用有某种障碍等，均可导致心理出现某种偏差。神经类型属于弱型的人更容易受到不良因素的影响而出现不健康的心理行为。

（5）生理发育因素。个体生长发育状况、人体的某些生理特征（男生的身高、女生的体形以及外貌等）都会给大学生带来心理压力，对其心理健康产生一定的影响。

2. 个体心理因素

个体心理因素是影响和制约大学生心理健康的主要内因，一般而言有以下方面。

（1）认同的危机。大学阶段正是大学生解决"自我同一性"危机的时期。大学生不断地反省自我和人生，思索着自己、社会以及两者之间的关系。在确定"自我同一性"的过程中，大学生会经历各种迷惘，情感起伏大，容易诱发一些心理障碍。而"认同危机"解决得如何，本身也是衡量心理健康水平的标准之一。

（2）挫折承受能力。一方面，由整个社会的紧张性刺激增多而带来的应激或压力在广度和深度上都在增加；另一方面，部分大学生的心理素质有待提高。在"过度保护"的环境中成长起来的大学生，相当一部分人心理素质脆弱，遇到不顺利、不如意容易产生挫折感，尤其是当受到的挫折强度较大或时间较长时，就会转向失望、自卑。还有部分大学生在受到挫折、阻碍时，会表现出攻击性行为，甚至诉诸极端方式来解决问题。

（3）情绪调整力。大学生正处在情绪最强烈而又最动荡的时期，他们的情绪富有冲动性，常摇摆不定，跌宕起伏，容易缺乏冷静的思考，常会因做错事而懊丧悔恨。同时，由于情绪具有弥散性的特点，部分大学生对事物的判断有时会失去客观性，表现在对挫折的判断上往往会以点概面、夸大化等。

（5）个性发展状况。同样的环境因素，同样的挫折，不同的个体有不同的反应模式，这与人的个性有直接关系。性格内向、孤僻、沉郁、压抑、过分自卑或过分自尊、急躁、冲动、固执、多疑、易偏激、有过高的个人期望、不善于人际交往等个性特征，都是不利于心理健康的，而其中有些本身就是心理障碍的表现。

（6）人生观。大学生一方面正处于人生观逐步确立阶段；另一方面又面临多元价值体系的选择，加之某些社会思潮的影响，使得人生观的确立变得困难而复杂，且动荡不定。人生观的动荡模糊往往会影响大学生对事物的评价，使得他们在遇到困难、挫折时产生情感波动，不能正确对待，尤其是错误的人生观往往限制了他们的视野，使他们经受不住心灵的创伤。

（7）内心矛盾冲突。青年期的大学生正处在由不成熟趋向成熟的过程中，成熟与不成熟常常交叠在一起，这典型地反映在他们的内心矛盾冲突中。例如，自立与依赖的矛盾，自信与自卑的矛盾，理想与现实的矛盾，知与行的矛盾，感情与理智的矛盾，需要与满足的矛盾，闭锁性与开放性的矛盾，冲动与压抑的矛盾等。当一个人长期处于内心矛盾中或内心矛盾冲突的强度过大时，加之外界某些事件的作用，就有可能破坏心理平衡从而出现心理障碍。

（二）大学生心理健康外在的影响因素

影响大学生心理健康的外在因素主要包含以下方面。

1. 家庭因素

家庭对子女的影响是非常重要的。家庭是人生的奠基石，父母是孩子的第一任老师，对孩子成才的影响是长久而深远的，这种影响包括过去生活中造成的和此时此刻正在发生的。家庭因素中比较重要的有父母的教养态度和方式、家庭结构、家庭的情绪氛围、家庭经济状况等。

（1）父母的教养态度和方式。父母的教育方法直接影响着孩子的行为和心理，父母的教养方式一般有权威民主型、独断专制型、宽容溺爱型和放任忽视型四种，其中独断专制型、宽容溺爱型和放任忽视型的教养方式易对子女造成心理问题。一般而言，民主、平等而非命令的、居高临下的，开明而非专制的，潜移默化而非一味娇宠的教养态度与教育方法，有利于学生心理的健康发展。

（2）家庭结构。父母双方或一方去世、单亲家庭、重组家庭、家人有违法犯罪行为等因素也会对孩子的心理产生一定的影响。处于残缺型家庭结构的子女因为缺少与家庭的正常情感沟通，经常体会不到亲情的温暖，归属感和爱的需要得不到满足，容易导致其情绪不稳定、心理不平衡、人际关系不协调、自我评价不恰当、价值观念不正确，不同程度地阻碍或扭曲了健康人格的发展。需要注意的是，由于父母不全或与父母分离而给子女带来的心理健康问题，其本质原因与其说是由不完整的家庭结构所造成的，不如说是由不完整的家庭在客观上更有可能削弱亲子间的联系而导致的。因此，家庭成员间互相联系的方式比家庭结构更重要。

（3）家庭的情绪氛围。家庭氛围是身处其中的人形成良好心理素质的前提，家庭成员间的语言及人际氛围直接影响着家庭中每个成员的心理。家庭成员之间关系和谐、融洽，能相互体谅、相互关心，尽管遇事会产生意见分歧，但在原则问题上能团结一致。在这种氛围下，子女不但能体会到关怀、幸福和温暖，而且能学会与人沟通、交流与合作的方法，从而使子女的思维、意志、能力等得到和谐发展，并从中获得安全感，形成乐于接受教育的自觉性。反之，如果家庭成员之间关系紧张，常处于相互指责、争吵、缺乏爱和温暖的家庭氛围中，极易使子女缺乏安全感，产生焦虑、不安、恐惧的情绪，形成孤僻、怯懦、自卑、偏执、退缩、封闭的性格，对事情冷漠、不合作，甚至把不良情绪发泄到别人身上，以求获得心理平衡。因此，良好的家庭氛围有利于青少年形成健康的心理和健全的人格。

2. 学校因素

大学校园是大学生生活、学习的主要场所，学校的环境和教育对大学生的心理健康有着更直接、更深刻的影响，影响大学生心理健康的不良校园因素主要有以下方面。

（1）人际关系因素。大学生的人际交往网络要远远比高中生宽广和丰富，当然对大学生心理影响最大的还是老师和同学。由于来自不同的地域，学生的文化背景、价值观念、生活习惯、个性、兴趣等有所不同，加之人际交往能力不强等因素，容易与人发生摩擦和冲突，导致人际关系紧张，特别是同寝室同学之间更容易发生矛盾纠纷，从而影响心理健康。老师对待学生的态度、行为及其素质等也会对学生的心理造成深刻的影响。

（2）学习生活的压力。大学生的主要任务是学习，学习状况成为影响大学生心态的重要因素。许多大学生常常为自己的学习成绩和未来的就业担心、不安，时常感到学习压力大，这种压力一方面来自繁重的学习任务、不当的学习方法、过多的证书考试、精神长期过度紧张等；另一方面来自大学里竞争内容的扩展，竞争不再仅仅局限于学习成绩，还包括各种知识、能力、特长等的比较。此外，学习兴趣与所学专业的矛盾也是相当一部分大学生产生焦虑、紧张、冲突、痛苦等心理的原因。总而言之，适度的紧张和压力有助于一个人的成长，但如果精神长期处于高度紧张的状态下，就会对心理造成不良影响。

（3）课余文化生活。大学生活应该是丰富多彩的，关键是自己能不能善于把握。一些大学生因为兴趣少、活动技艺不足，加之娱乐场所、器材缺乏，觉得与想象中的丰富多彩的大学生活相差较远，因而产生枯燥、乏味、空虚、压抑、失望和苦闷等不良情绪；一些大学生将课余生活的重心转向网络，沉溺于虚拟的网络世界，沉醉于一种虚幻的满足，甚至导致网络成瘾问题。

（4）就业压力。随着我国高校招生规模不断扩大，每年的毕业生数量激增，求职市场呈现人才过剩的现象。部分大学生就业期望值过高而自身就业准备又不充分，这些都容易造成沉重的压力。

（5）素质教育的落实。尽管素质教育已实施多年，但应试教育的影响依然存在。近年来高校心理健康教育越来越受到重视，但发展比较不平衡，与大学生的需求和社会发展对人才心理素质的要求相比，还有一定距离。因此，无论是在学校，还是将来步入社会，学生们普遍呼吁要进一步加强心理健康教育，以提高心理健康的维护、促进能力。

3. 社会因素

急剧的社会变革和科学技术的高速发展，使大学生面对的社会刺激日益增多，对他们的心理健康造成了一定的影响。现代化的过程既是经济发展、生活环境变化的过程，更是社会结构、生活方式、价值观念、行为模式变革的过程，是民族文化、国民性格变迁的过程。现代化带来了社会的发展和人民的幸福，也带来了负荷和危机，它在增进人们健康的同时，也制造了新的有害身心发展的因素。

人口膨胀、交通拥挤、空气污染、社会关系紧张和社会阶层复杂多变等，构成了不良的心理应激；现代社会的生活节奏加快，竞争加剧，在一定程度上加重了大学生的心理压力；信息负荷过重，社会信息化、网络化的瞬息万变，给大学生的心理适应能力带来了较大的影响；多种文化的交汇所带来的冲突、观念的多元和多变，使部分大学生失去了稳定感，变得难以认同，无所适从。这些因素并非是单一地对个体产生影响的，而往往是多个因素共同作用于个体。此外，以上这些因素对大学生健康的影响并不都是消极的，有些因素对部分大学生也可能产生积极的影响。各种环境因素通常需要通过个体内在的心理因素（如人格）的中介或调节机制影响个体的心理健康水平。当遇到不利的应激环境时，如果能够妥善地予以应对，主动改造环境以利于个人和社会的健康发展，或者改变自己以顺应环境，那么在此过程中，这些学生便能增强适应环境的能力，并增加其健康人格特质的负载量。

目前人们经常提到的两种相关的健康人格特质是坚忍性和心理弹性。拥有健康人格是所有大学生的人生理想；目前在我国大学生中广泛开展的心理健康教育，所要达到的根本目的便是培育和优化各种心理健康素质，即健康（健全）人格。

第三节　大学生心理健康的维护与促进

大学生的心理健康状况，既关系到大学生个人的成长和发展，也关系到整个民族素质的提高，以及国家的前途和命运。"维护和增进大学生心理健康是高等教育的重要目标，也是每个大学生健康成长的内在需要"。[①]影响大学生心理健康的因素既有客观的外在因素，也有主观的内在因素。而外因是通过内因起作用的。因此，要维护和增进大学生心理健康，一方面要调节、控制和改变客观的外在因素，家庭、学校、社会要为大学生创造一个有利于身心健康的良好环境；另一方面，大学生应成为提高自己心理健康水平的主人。

第一，强化心理健康意识。心理健康意识的确立是关键的第一步。心理健康知识是大学生增进自我了解，进而达到自我调节的理论武器。系统学习过心理健康知识的大学生，

---

① 瞿珍，瞿彬，李建华等．大学生心理健康［M］．上海：华东理工大学出版社，2018：34.

在自我调适、自我疏导方面普遍表现较好，适应能力较强；而那些缺乏心理健康知识的大学生面对各种应激，通常表现为束手无策，容易形成心理疾病。因此，大学生应认真学习心理健康课程，积极参加心理健康专题讲座，自觉阅读有关心理健康教育的课外读物，登录心理健康网站学习知识或收听、收看有关的广播、影视节目等。

第二，学会自我心理调适。大学生的自我心理调适包括调整认知结构，完善自我意识，学会情绪调节，锻炼意志品质，丰富人际交往，提高适应能力，塑造健全人格等。

第三，参加社会实践活动。人的心理是在社会文化交往、社会实践活动中形成和发展的，健康丰富的社会文化交往、社会实践活动不仅有利于大学生丰富生活知识和情感体验，增长和发展智能，锻炼意志品质，提高实践能力和心理素质，而且有利于大学生自我教育能力的增强。只有在社会文化交往和社会实践活动中，大学生才能充分发挥自身的主观能动性，才能积极、主动、自觉地进行自主探索和自我发展，并在自我发现、自我分析、自我判断、自我选择、自我解决问题的过程中成长和发展，在参与活动中获得亲身体验和感悟，进而实现"内化"，促进自身心理健康。

第四，养成健康的生活方式。生活方式是指人们在日常生活中，由个人情趣、爱好和价值取向等决定的活动形式和行为特征。健康的生活方式是一个人身心健康的重要保障。生活方式健康的人往往心理健康状况较好，反之则心理健康状况欠佳。对大学生而言，健康的生活方式主要包括作息合理、膳食平衡、用脑科学、运动适度和拒绝烟酒。

第五，寻求专业心理咨询。部分大学生在产生心理问题后习惯于自我调适，但当心理压力很大、内心冲突激烈时，自我调适有可能难以奏效，此时就应积极取得家庭、学校和社会的支持，争取亲朋好友的帮助，尤其是应及时、主动寻求心理咨询机构的帮助。

"高校应把全体大学生的心理健康素养提升作为心理健康教育的根本出发点，加强心理健康知识的普及教育，建立有效的心理育人新机制，进一步推动高校的心理健康教育工作"。[1] 现代社会比以往任何时候都更需要健康、优良的心理素质。维护和促进大学生心理健康，需要通过大学生的积极参与和不断努力，才能实现其心理健康与充分发展。

---

① 丁闽江，苏婷茹. 大学生心理健康素养现状分析及提升策略 [J]. 扬州大学学报（高教研究版），2020，24（02）：66.

第二章　大学生心理健康的内在动力

第一节　大学生心理健康的情绪管理

情绪渗透在人们生活的各个方面，影响着人们的学习、交往及身体健康，也影响着人们的观点和态度，特别是面临着学习、就业等方面压力的大学生，容易出现不良情绪。因此，增强情绪调节能力，有利于提高大学生的生活质量，促进大学生的健康成长。

一、情绪与大学生情绪

（一）情绪的类型

1. 根据形式分类

按情绪的形式可以把情绪分为喜、怒、哀、惧四种，这四种情绪与人的生理需要相联系，称为基本情绪。

第一，喜即喜悦，是需要得到满足、目的达到后的情绪体验。喜悦会使人感到轻松、舒畅和满足，如考试取得了好成绩，得到了自己喜欢的物品，就会产生喜悦的体验。喜悦可以有满意、愉快、欢乐、狂喜等不同的程度。

第二，怒即愤怒，是需要未能得到满足，目的未达到，并且受到阻碍时产生的情绪体验。愤怒的情绪会使人产生紧张、压抑甚至狂躁的感觉。愤怒可以有不满、生气、恼怒、暴怒等不同的程度之别，愤怒的程度取决于对阻碍物的认识程度。当人们遇到挫折时，都会产生一定的不满情绪，但不一定会发怒；如果人们意识到这种挫折是由于他人的恶意中伤造成的，怒气就会油然而生；特别是当人的自尊受到伤害，人格受到侮辱时，往往会产生强烈的愤怒情绪，甚至勃然大怒。

第三，哀即悲哀，是所热爱的事物丧失或希望破灭而引起的一种情绪体验。喜悦是幸福的表露，悲哀是不幸的散发。悲哀也有遗憾、失望、难过、悲伤、哀痛等程度之别，悲哀的程度取决于失去东西的价值，悲哀的情绪会使人产生一种失落、无奈、痛苦的心理感受。

第四，惧即恐惧，是面临危险的情景或预感到某种潜在的影响时产生的情绪体验，如一个人夜间单独行走，本无危险，但想象到某种可能的危险时也会产生恐惧。恐惧有害怕、惊恐等程度之别，恐惧的程度取决于面临危险的大小。恐惧的情绪会使人感到呼吸急促、紧张、心悸、全身颤抖，甚至使人本能地产生想逃离的心理。

由于人的需要多种多样，不断变化，同一事物在不同时间、不同条件下和人们的需要处在不同关系中，所引起的情绪也不同，如悲喜交加、啼笑皆非等。大学生除了上述基本情绪以外，还有许多复合情绪，如对自己的态度有骄傲和谦虚，与他人相联系的有爱与恨、羡慕等，这些都是基本情绪的反映。

2. 根据状态分类

按情绪发生的强度和持续时间的长短等特性，可以把情绪分为以下方面。

第一，心境，这是一种比较微弱而持久的情绪状态，即常说的心情，如愉快、忧愁、烦闷等。心境一般不是关于某一特定事物的体验，而是一段时间内的情绪体验，它具有弥散性。某种心境一旦产生，会使人的全部活动都染上这一情绪色彩。

第二，激情，这是一种猛烈爆发，时间短暂的情绪状态，如暴怒、狂喜等。当客观事物与人的需要突然发生强烈冲突，激动时则容易产生激情。激情有积极和消极之分，积极的激情能激励人们克服艰险、攻克难关，如运动员最后的冲刺；消极的激情使人们丧失理智，导致情绪和行为失控。

第三，应激，这是突然出现紧急情况时的情绪状态。当遇到对人有切身利害关系的场景，又要迅速做出重要决定时，容易出现应激状态。在应激状态下，人们往往能做成平时难以做到的事，使人尽快地转危为安。应激状态下有两种表现：一种是惊慌失措，目瞪口呆，语无伦次；另一种是急中生智，化险为夷，转危为安。应激也有很大的消极作用，当人在紧急情境中的应激状态下，会导致知觉狭窄，行动刻板，注意力被局限；过于强烈的应激情绪，会导致人临时性休克甚至死亡，还会导致心理创伤。一个人长期或频繁地处于应激状态中，会导致身体疾病和心理障碍。

（二）情绪的作用

情绪对于大学生而言具有重要的作用，具体表现在以下方面。

第一，自我保护的作用。每一种情绪都有其功能，如当人处于危险的境地，恐惧的情绪反应能促使人更快地脱离险境；当人在工作或学习中承担的负荷超出了自身的承受能力时，疲惫的情绪状态会使人不得不放弃一些工作而休息；在被人伤害时，愤怒的情绪会促使人奋起反抗进行自我保护。

第二，人际沟通的作用。人际交往不仅是出于信息的交流和工作中的协调等方面的需要，更是带有情绪上的需求与满足。情绪在人际沟通中起着非常重要的调节作用，微笑、轻松、热情、喜悦、宽容和善意的情绪表达，会促进人际的沟通和理解；而冷漠、猜疑、排斥、偏执、嫉妒、轻视的情绪反应，则会构成人际交往中的障碍。

第三，信息传递的作用。情绪能起到信息传递的功能，也可以相互影响和传播，当一个人兴高采烈时，他就会将这种情绪传递给周围的人；而当一个人沮丧、愤怒时，也会使这种情绪在周围传播开来，并且还会将这些负性情绪迁移到他人身上。

大学生情绪健康具体表现是：第一，能及时、准确、适当地表达自己的内心感受；第二，情绪反应正常、稳定，能承受生活的考验；第三，能从平凡的生活中发现美，得到快乐的享受；第四，能与人为善、和睦相处，建立良好的人际关系；第五，能给予人爱或接受他人的爱，待人热情，乐于助人，有同情心；第六，能有正确的自我意识，对前途充满信心，富有朝气，勇于上进，坚韧不拔。

（三）大学生情绪的影响

情绪与大学生的生活、学习、人际交往、个人发展密切相关，对大学生的身心健康、学业发展和个人成长都具有直接的影响。

1. 影响身心健康

情绪对人的身心健康具有直接影响，良好的情绪状态不仅使大学生对生活充满希望，对自己满怀信心，而且能够使他们的求知欲增强，思维敏捷、兴趣广泛，促使他们全面发展；而消极情绪则危害大学生的身心健康，突然而强烈的情绪会使人的意识范围狭窄，判断力减弱，失去理智和自制力。一些学生的失眠、紧张、神经性头痛、消化系统疾病等，大都是因为情绪状态没能得到很好的调整。因此，保持良好的情绪状态，是大学生心理健康的重要标志。

2. 影响学习

对于大学生而言，情绪状态对于学业有着重要的影响，良好的情绪使大学生有兴趣学习和活动，有助于开阔思路，集中注意力，精神愉快、心情舒畅易于使思考和研究处于最佳状态。大部分大学生都有这样的体验，当自己的情绪积极乐观时，学习效率很高；而当自己的情绪处于低迷状态、感到忧郁或是烦躁不安时，学习效率就会较低，长期的情绪困扰可导致智力缺损，危及学习能力。一个良好的心态，是一个人最大限度地发挥自己能力的前提和基础。

3. 影响人际关系

大学生不同的情绪状态会直接影响到大学生的人际关系状况。良好的情绪特征，如乐观、热情、自尊、自信，是人际吸引的深层心理因素，能使彼此间的心理距离缩短、关系融洽，有助于大学生的人际交往；而焦虑、抑郁、冷漠、愤怒也会影响大学生的社会行为，从而影响人际交往和人际关系，使人际关系疏远。由于情绪具有感染力，积极情绪多于消极情绪的人，更容易获得别人的赞赏，更容易建立良好的人际关系。

4.影响潜能发掘

当体验到的是积极的情绪，如感到高兴、亲切、安全、平静时，大学生的行为目标也往往是积极、生动的，对新经验的领悟和接受、对周围人的尊重和理解、对价值和长远目标的献身精神等，都会明显增强；当体验到痛苦、愤怒、紧张等消极情绪时，一部分大学生的社会兴趣下降，反社会行为增加，对新经验持谨慎甚至闭锁的态度，而另外一些大学生的行为并没有向消极方面转化，而是吸取教训，重新开始。因此，良好的情绪有助于增强学习兴趣，提高学习效率，促进潜能发掘和能力发展。

保持良好的情绪状态，不仅可以促进大学生的身心健康，有助于预防和抵御各类身心疾病的侵蚀，还有利于提高大学生的心理健康水平，使他们能以积极的态度、饱满的热情和旺盛的精力投入到自己的学习、生活和社会交往等各个方面。

二、大学生情绪管理的特征

大学生随着知识经验的丰富和思维水平的提高，情绪体验也越来越丰富和深刻，但由于他们生理、心理还处在逐渐成熟阶段，他们的情绪管理反应具有以下几方面的特征。

（一）丰富性与复杂性

从人的生理方面而言，大学生正处在青年时期，这是一个面临多种选择的时期，学习、交友、恋爱等人生大事基本上都在这个阶段完成。大学生较早或频繁的恋情可能对其社交发展产生消极影响。"随着大学生认知能力的提高，他们的情感体验也在逐渐加深，这主要表现在道德感、理智感、美感等高级情感方面，如大学生部分确立了道德、正义观念，当出现与之不符的行为甚至是观念时，他们通常会感到自己犯有过错，感到痛苦，并进行严厉的自我谴责，情绪体验极端痛苦"。[①]

大学时期社会情感的发展决定大学时期情感教育的重要性。学校、家庭以及全社会都应关注情绪教育的内容、方式与意义，采取有针对性的措施培养大学生良好的高级社会情感。

---

① 郑冬冬，张超，袁玲巧等．大学生心理健康［M］．重庆：重庆大学出版社，2014：56．

（二）冲动性与爆发性

大学生对某种具体的体验特别强烈，富于激情，喜怒形于色。大学生对新事物比较敏感，加上精力旺盛，虽然具有一定的理智和自我控制能力，但做事情往往不计后果，其冲动爆发的情绪活动一旦失控，往往会造成可怕的后果。

情绪冲动特点表明大学生情绪活动程度强烈，但是，强烈的情绪活动在大学生身上容易时过境迁，激情不能始终一贯地保持下去，而且其是非好恶标准也不稳定，情绪活动随标准的改变而改变，情感活动具有双极性。

（三）外显性与内隐性

一方面，由于大学生思维敏捷、反应灵活，对外界刺激敏感，表现出情绪外显性；另一方面，随着意志的发展，大学生自我控制与调节能力提高，往往会掩饰自己的真情实感，他们情绪的外在表现和内心体验并不总是一致，他们会根据特定的时间、地点、场合和人物等方面的因素来表达自己的情感。在某些场合和特定问题上，有些大学生会隐藏或抑制自己的真实情感，有时会表现出内隐、含蓄的特点，如对学习、交友、择业等具体问题，他们往往深藏不露，具有很大的内隐性；有时会把自己的真实情感伪装起来，用一种与内心世界不一致的方式来表达，如某种事引起了强烈的愤怒，但觉得不直接表露更好时，便会努力压抑自己的情绪；有时还会用间接的方式来表达自己的情绪。

大学生情绪还与其想象丰富的思维特点相关。大学生富于理想，遇事爱幻想，由刺激引发的情绪反成易受当事人想象的影响，想象对情绪反应的程度、持续时间都起着催化剂的作用，大学生常会陷入某种想象性的情绪状态，而难以被另外一种情绪所取代。

（四）阶段性与层次性

大学生情绪的发展有一个从不成熟到成熟的过程。首先，大一新生面临着适应环境、改变学习方法、确立新目标等问题。新生进校后都存一个兴奋的阶段，面对新的环境、新的生活，头脑出现美好的幻想，对各种知识领域都有广泛的兴趣，对各种活动都有参加的热情，多数学生能很快地适应大学生活，但也有一些学生适应较慢，遇到问题则产生孤独感、失落感；其次，二年级学生已经适应了大学生活，他们既没有新生的那种兴奋和轻松，也没有高年级学生那种毕业前的紧张和忧虑，情绪一般比较稳定；最后，三、四年级大学生临近毕业，更多地思考人生，对就业、择偶等问题的想法和打算变得越来越迫切，越来越现实，他们的情绪出现不定性、复杂性，情绪的丰富性、内隐性明显增加。

三、大学生心理健康情绪管理意义与方法

在大学生中，情绪问题主要表现为情绪比较低落、不稳定、做事情没有兴致等现象，长此以往会对学习、生活造成影响。通过情绪管理学习能使大学生坦然面对自己的情绪，更好地适应社会生活能促进大学生人格健全发展，满足自我实现的需要。因此，对大学生进行情绪管理教育是非常重要的。

（一）情绪管理的意义

1. 提高心理活动效率

人类心理活动包括认知过程、情感过程和意志过程三个基本方面，其中情感过程的核心是情绪活动。从三者的关系而言，情感过程与认知过程和意志过程不是彼此分离、互不相干，而是密切联系、相互影响的。情感体验所构成的恒常心理背景或一时心理状态，是认知过程和意志过程的心理背景，对信息的接收、选择、加工、储存、回忆、思维等认知活动，对态度、动机、行为等意志过程，都有发动和协调作用。在积极稳定的情绪状态下，思维活动的效率高，思路开阔，解决问题准确迅速，不易被困难和挫折阻止。反之，在不适度的情绪状态下，无论是积极情绪还是消极情绪，都会影响到认知过程的效率和意志活动水平，如情绪低落，则心理活动水平低，对外界刺激反应迟钝，思维行动迟缓，稍遇困难就停止行动，如激动、兴奋过度，则意识范围狭窄，考虑问题不全面，易做出冲动的决策和行为，造成不良的后果。

人类情绪活动也受认知过程的影响和制约。没有对事物的认知就不可能有对事物的态度体验和反应，即不可能出现情绪。因此，人在一定程度上可以控制或调节情绪活动，减少过度情绪体验对心理活动效率的不利影响。对大学生而言，最为典型的情绪影响心理活动效率的例子是焦虑对学习效率的影响。一般而言，平时情绪稳定、不易过分焦虑的人比那些容易激动焦虑的人学习成绩好；情绪稳定的情境可以提高学习效率，而在高度焦虑的情境下学习效率就会相对低下。单调、重复的学习可因情境压力增加而效益提高，需要理解与思考的学习则可因情境压力增加而效率降低；适中的焦虑程度对大多数人而言可产生最佳的学习效果。

2. 提高身心健康水平

在人的一生中，总会遇到各种困难和挫折，也总会有令人激动不已的情境，所以快乐忧愁、大喜大悲是人生常有的事。有的人能够较平稳地度过坎坷与危机带来的情绪波动；有的人则会因此而出现种种痛苦，生活质量受到影响，严重者还会出现心理障碍，甚至诱发严重精神疾病。对大学生而言，其心理相对不成熟，承受能力较差，身心健康更易受到

长期剧烈情绪体验的影响。

情绪通过多种途径影响身心健康，长期或过度的紧张、焦虑、恐惧、抑郁、自卑、强烈的挫折感等消极情绪，首先，是不健康、不成熟的心理表现；其次，类似的心理状态将会影响到生理功能，导致神经、心血管、内分泌等系统的功能紊乱，出现心理和生理双重障碍，表现为身心疾病。情绪不仅可以致病，也可以用于疾病的治疗。一般而言，积极乐观的情绪有助于加速病体康复，减轻病人的痛苦感受，提高生活质量。情绪治病的主要方面是帮助病人营造轻松、愉悦、乐观、上进或者宁静的情绪体验，最常用的方式是诱发病人的笑容，如观看幽默的文学艺术作品或表演，或者进行放松训练。由此可见，大学生情绪控制与调节具有预防和治疗疾病的双重意义。

（二）情绪管理的方法

情绪是对客观事物的反映，它是反映者对客观事物的看法、认识，是主观的需要是否得到满足的体验，而不是客观事物本身，因而情绪是可以控制调节的。人在复杂的社会生活中难免会遇到各种各样的挫折和失败，会产生各种各样的不良情绪。对大学生而言，不能让这些不良情绪控制自己，影响身心健康和学习生活，而应采用适当的方法克服不良的情绪，具体包含以下几方面。

1. 合理宣泄情绪

由于社会文化的影响，人们更倾向于压抑自我情绪，而对宣泄自我情绪持否定态度。可是不良情绪一旦产生，会在体内逐渐积累，达到一定程度就会产生心理障碍，导致一系列疾病的发生。应选择合理的方式来宣泄不良情绪，使紧张的心理得到放松。不良情绪宣泄方法主要有以下几方面。

第一，向人倾诉向亲朋好友说出心事和痛苦，自己就会感到轻松，他们的关怀和理解、信任和支持，会使自己的情绪好转。情绪困扰较严重而难以自拔时，及时去看心理咨询老师，把内心的烦恼、痛苦向咨询老师诉说，他们会用心理学知识改善或消除不良情绪。同时，也可以收集一些抒情的诗词歌赋，将其中能引起心理共鸣的、能宣泄自己情绪的部分，大声朗读多次，便能够体会到一种美好的激情，激发生命的活力，驱走不良情绪，缓解心理压力；还可以找人聊天，抒发自己的所见所想，这对于缓解焦虑、忧愁、孤独等不良情绪有良好的效果。

第二，诉诸笔墨。将精力的不幸写出来，把事情的起因、经过、结果以及所有的细节都写出来，写作的过程就是认知自己情绪的过程，也是不良情绪的宣泄过程，写作完毕，不良情绪也就随文章而去。

第三，适时释放。哭是痛苦的倾诉，是一种自然的保护性反应。当遇到不幸、痛苦时，不要强行压抑，适时将心中的悲苦进行释放。

2. 实施转移情绪

不良情绪产生后，可以用积极良好的情绪代替它，也就是情绪转移。当对一个问题敏感时，往往过于注意，结果又对那个问题更加敏感，这样可能形成恶性循环，出现心理障碍。如果能够有意识地控制自己，将注意力转移到工作、学习、娱乐、生活的其他方面，就可能避免不良情绪的出现，防止身心疾病的发生。情绪转移常用的方法有以下几方面。

第一，创造快乐。每个人都会有一些自己感兴趣的事，从事自己感兴趣的活动时，心情就会非常舒畅，感到十分快乐。当忧愁、悲伤、孤独等不良情绪产生后，应该设法使自己快乐起来，如听喜爱的音乐，节奏明快有力的音乐可以使人振奋，旋律优美的音乐能够让人进入轻松愉快的心境。音乐对紧张、焦虑、烦躁、忧伤等异常心理具有缓解、放松、保持心理平衡的作用，能减轻人的痛苦。书中的喜怒哀乐也可以调整心态，使心理获得平衡；而那些内容幽默滑稽的书籍，常常会使人发笑。从心理保健方面而言，阅读能使人们掌握自我调节和改善不良情绪的方法，保持健康的心理状态，以便应对人生各种变故、灾难而不被击垮。

冬季日照时间短，当心情烦闷、忧郁时，可以去晒晒太阳。明媚的阳光暖暖地照在身上，会愉悦神经，增添活力，心情也会好起来。此外，晒太阳还有助于维生素 D 的合成，能促进人的身体健康。充足的睡眠也是保持良好情绪的重要条件。疲劳容易影响人的心情，充足的睡眠则能减弱甚至消除这种影响。

第二，加强体育锻炼。体育运动使人感觉敏锐，观察力加强，能促进人的注意力和记忆力的发展；提高人的思维的敏捷性和灵活性，提高人的活动能力；还能培养人乐观、开朗的情绪，并能增强自信心，培养灵活、果断、勇敢、顽强的意志，对于克服不良情绪有不可替代的作用。体育运动能协调大脑的兴奋与抑制，有助于神经衰弱患者的恢复；它还能促进血液循环，有利于血液中的营养物质输送到身体的各组织、器官，增强对不良情绪的抵抗能力。运动又可减少敌视及嫉妒心理，振奋精神，减轻精神压力。通过运动，增加了社会交往机会，可扭转人的孤独和郁闷心情。

适量的运动后，皮肤会出汗，大小便会被迅速排出，让大脑和各种组织器官得以在无污染的环境中工作，从而保持良好的情绪。如果感到焦虑、抑郁、烦恼、忧愁，参加一定强度的体育锻炼，便会使情绪恢复正常。跑步使大脑皮层的兴奋和抑制更加协调，提高睡眠质量，确保白天学习工作的效率；游泳可以提高自身的协调能力，使紧张的神经和肌肉得以放松，有利于健康情绪的恢复；散步可以增添生活情趣，使人的心情开朗；爬楼梯对人的身心健康非常有益,每爬上一层楼,就会产生一次成就感,可以明显地调节和改善心态。

第三,充实生活。当焦虑、悲伤、抑郁等不良情绪出现时,最好的排遣方法是使自己忙碌起来。人的注意只能集中在一件事情上,工作、学习等有意义的活动占据了大脑,就把不良情绪从人的心里赶出去。学习能给人们带来心理的满足和愉快,增加见识,拓宽思路,只有不断地用新知识充实自己,才能得到持续发展;学习可以避免无聊与忧虑,最忙碌的人也就是最充实的人。

3. 正确认知情绪

生活中每个人都向往快乐,然而并非每个人都快乐,因为许多人在对快乐的看法上走进了一种误区,有的人处于艰难困苦之中,也不失其乐;有的人处于优越、富裕的环境,却愁容满面。对环境的认识和态度才能决定人们的情绪,应有主宰自己精神和情绪的能力,做自己情绪的主人,用合理的认知取代错误的认知,以便产生合理的情绪和行为正确认知,常用的方法包含以下几方面。

第一,正确归因。决定情绪的是人的认知方式,一个习惯于将失败和过错归因于自己的人,容易产生自卑、抑郁、烦恼、自责等不良情绪。一个习惯于把过错归因于别人的人容易牢骚满腹,怨天尤人。因此,正确地归因是克服不良情绪的关键。

第二,自我暗示。运用内部语言或书面语言的形式,调节情绪的心理,它能增强人们的自信心和意志,确保稳定的心态,从而战胜自己,超越自己。例如,情绪激动时,暗示自己冷静;考试怯场时,暗示自己不要紧张;烦恼时,暗示自己一切都会过去的;遇到困难时,暗示自己车到山前必有路;部分大学生的桌面贴着"镇定""忍""三思后行"等,正是用书面语言来暗示自己克服缺点。

第三,转变观念。许多不良情绪的产生都与不正确的观念密切相关。人的能力是有限的,不可能在所有的方面都做到完美无缺,要求自己十全十美的人,更容易在做事不如愿时情绪低落。对事物的看法也是一样,当认为某事合理时,就会表现出积极正常的心情;当认为某事不合理时,就会表现出消极的情绪;即使是合理的事情,也可能因误会而表现出不良的心情,导致身心疾病。另外,大学生中因观念导致情绪不佳的现象也很普遍,因考试发挥失常而遗憾时,牢记"是金子总会发光"的名言,沮丧的情绪会大大地缓解。

4. 松弛反应训练

松弛反应训练又称为放松训练,是一种通过主动放松来增强人对自我情绪控制能力的有效方法。当自己感到心理压力过大、过重导致情绪紧张时,可以进行各种意念放松调节。例如,当学习疲劳时,可以想象自己在校园的林荫道上散步,晚饭后,夕阳西下,缕缕金黄色的阳光透过树丛,洒在林荫道上,独自一人在宁静的林荫道上散步,一天的劳累与一天的收获使人感到惬意，信步往前走，心里没有任何负担，天气不冷不热，空气中似乎能嗅到太阳光的香味，舒展全身，感到无比的轻松舒坦。还可以想象一些情景，如在乡村宁静的湖里游泳；在一望无际的大草原骑马驰骋；自己变成一只小鸟在天空自由翱翔；一次考试成功，老师和同学们钦佩的目光、祝贺的话语；也可以多读一些优美的经典文学名著和古诗词来丰富想象意境。

5. 情绪合理化

情绪合理化也叫文饰法，是当人的动机或行为不被社会接受，或因其他而受挫时，为了减轻因动机冲突或失败挫折所产生的紧张和焦虑而找一些冠冕堂皇的理由来为自己辩护以自圆其说。这些理由是经不起推敲的，并非真理由，也非好理由，但在一定的时期可起到心理保护作用。常见的情绪合理化有两种方法：第一，希望达到的目的的没有达到，心里便否定该目的的价值或意义，称为"酸葡萄效应"；第二，未达到预定的期望或目的，便提高现已实现的目标的价值或意义，称为"甜柠檬效应"。心理调节借用某种"合理化"的理由来解释事实，变恶性刺激为良性刺激，心理自我安慰的现象称为"酸葡萄与甜柠檬"心理。虽然在自我安慰时有自欺的一面，但它确实是一种心理自我维护的武器，对心理健康起积极作用。情绪的调节方式有很多种，大学生可根据自己的实际情况选择适合自己的情绪调节方式。

第二节　大学生心理健康的人际交往

在现代社会中，人们渴望更多的交往，在新的环境下适应新的人际角色。人际交往不仅能培养人的社会适应能力，也是大学生培养思维广阔性和创造性的中介形式。由此可见，人们拥有的信息量与人际交往的频率成正比，与人接触得越广泛，与人相处越融洽，他所获得的信息量就越多，知识面就越宽，对自己创造性思维方式的启发就越大。因此，大学生必须顺应时代潮流，学习有关人际交往方面的知识，增强交往意识，提高人际交往能力。

一、大学生人际交往的心理学原理

（一）首因效应原理

首因效应一般指人们初次交往接触时，各自对交往对象的直觉观察和归因判断，在这种交往情景下，对他人所形成的印象就称为第一印象或最初印象。首因效应对人印象的形成起着决定性的作用，初次见面，会根据对方的表情、体态、仪表、服装、谈吐、礼仪等，形成对方给自己的第一印象。第一印象一旦形成，要改变它就不那么容易，即使后来的印象与最初的印象有差距，很多时候会自然地服从于最初的印象在现实生活中，首因效应所形成的第一印象常常影响着对他人以后的评价和看法。因此，应该重视与人交往时留给他人的第一印象。大学生为了塑造良好的第一印象，首先，应该注意仪表，衣服要整洁，服饰搭配要和谐得体；其次，应注意言谈举止，锻炼和提高交谈技巧，掌握适当的社交礼仪。初次印象是长期交往的基础，是取信于人的出发点。不仅要学会一些技巧，同时，还要知道与人交往是件地久天长的事，无论哪种人都有可能成为好朋友，最重要的是应有一颗真诚的心。

（二）近因效应原理

第一印象产生的"首因效应"，一般在交往初期，即双方还处于彼此生疏的阶段特别重要，而在交往后期，即彼此已经十分熟悉的情况下，近因效应就发挥了很大的作用。所谓近因效应，是指在多种刺激同时出现时，印象的形成主要取决于后来出现的刺激，即交往过程中，对他人最近、最新的认识占了主体地位，掩盖了以往形成的对他人的评价。因此，近因效应也称为"新颖效应"。例如，多年不见的朋友，在自己的脑海中印象最深的，其实就是临别时的情景，这也是一种近因效应的表现。在交往过程中，常常用近因效应整饰自身的形象。

（三）刻板效应原理

刻板印象的积极作用在于它简化了人们的认识过程。当得知他人的一些信息时，常根据该人所属的人群特征来推测他所有的其他典型特征，这样虽然不能形成他人的正确印象，但在一定程度上可以帮助双方简化认识过程。但刻板效应更多带来的是负面效应，如种族偏见、民族偏见、性别偏见等，它常使人以点代面，凝固地看人，容易使人产生判断上的偏差和认识上的错觉。

（四）晕轮效应原理

晕轮效应是指人们在对别人作评价的时候，常喜欢从或好或坏的局部印象出发，扩散出全部好全部坏的整体印象，就像月晕（或光环）一样，从一个中心点逐渐向外扩散成为一个越来越大的圆圈，所以有时也称为月晕效应或光环效应。大学生要善于倾听和接受他人的意见，防备晕轮效应的副作用的同时也可以利用晕轮效应的影响增加自身的吸引力。与人交往时，可以采用先入为主的策略，让对方了解自己的优势，从而获得以肯定积极为主的评价。

（五）思维定式原理

思维定式是指人们在认知活动中用"老眼光"和已有的知识经验来看待当前的问题的一种心理反应倾向，也叫心理定式或心向。在人际交往中，思维定式表现在人们用一种固定化的人物形象去认知他人。心理定式效应常常会导致偏见和成见，阻碍正确地认知他人。因此，应用发展的眼光看问题，不要一味地用老眼光来看人处事。

（六）投射效应原理

心理学上将"以己度人"称之为投射效应，即在人际认知过程中，人们常常假设他人与自己具有相同的属性、爱好或倾向等，常常认为别人理所当然地知道自己心中的想法。"以小人之心度君子之腹"就是一种典型的投射效应。当别人的行为与自己不同时，人们习惯于用自己的标准去衡量别人的行为，认为别人的行为违反常规。为了克服投射效应的消极作用，大学生应该正确地认识自己和他人，做到严于律己，客观待人，尽量避免以自己的标准去判断他人。

二、大学生人际交往问题及处理方法

（一）自卑心理及处理方法

自卑，就是自我评价过低，自己瞧不起自己，这是一种人格上的缺陷，一种失去平衡的行为状态。自卑常以一种消极防御的形式出现，可以有多种表现形式：悲观、忧郁、孤僻、不敢与人交往，认为自己处处不如别人，性格内向，总觉得别人也瞧不起自己等。在工作与日常生活中，自卑的人在一件事没做之前，就不抱成功的希望，没有追求的勇气，一开始就从心理上否定自己，这种自卑比其他任何因素都更能破坏自己的生活。引起自卑的原因主要包括：过多的自我否定、消极的自我暗示、挫折的影响以及心理或生理等方面的不足。

克服人际交往自卑心理常用的方法包含以下几方面。

第一，正确地表现自己，积极与人交往，认识到自己的长处，就要大胆地表现。

第二，扬己长，避己短，在人群中树立一个新形象，要相信自己的能力与价值，如一次发言，一次竞赛，要积极自信地去做、去尝试，因为只有行动才是达到成功的唯一途径，退缩与回避只能带来自责、懊悔与失意。

第三，要注意循序渐进，先表现自己最拿手、最容易取得成功的。有了一次成功，自信心就随之增强，然后再去尝试稍难一点的事，接着争取更多的成功。

（二）孤独心理及处理方法

孤独心理有两种情况：一种是不愿让别人了解自己，总喜欢把自己的真实思想、情感和需要掩盖起来，往往持一种孤傲处世的态度，只注重自己的内心体验，在心理上人为地建立屏障，故意把自我封闭起来；另一种情况是虽然愿意与他人交往，但由于性格原因却无法让别人了解自己，这样的人一般性格内向孤僻，形成了一种自我封闭的状态。在现实生活中也存在着这样的同学，喜欢一个人独来独往，不喜欢与他人接触，做任何事情都自己一个人，很难融合到大集体中。此外，孤独者往往表现出萎靡不振，并产生不合群的悲哀，从而影响正常的学习、交际和生活。

克服孤独心理常用的方法是：首先，把自己融入集体中，只有在集体中，个人才能获得全面发展的机会；其次，克服自负、自尊和自傲的心态，积极参加交往活动。当一个人真正地感到与他人心理相融、为他人所理解和接受时，就容易摆脱孤独。

（三）嫉妒心理及处理方法

嫉妒是影响人际关系的心理因素之一，是对成就、才华、社会地位以及个人条件、机遇等各方面优于自己的人所产生的一种愤怒、怨恨交织的复合情绪。如果情绪处理不好，心理协调能力不强，或者对失利选择错误的归因方式，就会将内心愤怒不满的态度投射到成功者身上，从而产生嫉妒情绪。因此，大学生必须树立正确的竞争观念和宽容待人的生活态度，正确面对失利，调节认知模式。嫉妒心理的产生通常源于两种错误的归因方式：一方面是觉得他人的成功侵害了自身利益；另一方面是认为他人的成功是对自己的讽刺，越是大的成绩越突出了自己的无所作为。

克服人际交往嫉妒心理常用的方法包含以下几方面。

第一，梳理自身的认知模式，认识到每个人身上都存在优点和缺点，在社会中生存就必然要面临与他人的比较，这是人际交往的必经途径。大学生应通过不断的比较产生拼搏进取的动力，以成绩来证明自己的实力。

第二，不断充实自己，提高竞争能力。当生活充实而忙碌时，就不会把精力投到嫉妒等方面。因此，大学生应学会把注意力集中到自己身上，集中到手边正在做的事情上，集中到对自己现在生活及将来规划的实现上，不断充实自己，提高竞争能力。

第三，学会肯定自己，增强自信心。从某种意义而言，嫉妒实际上是对他人优点的敏锐观察者。如果将这样的敏锐投入对自己优点的发掘中，学会肯定自身能力，正确评价自己与他人，通过具体事情的操作赢取成就感，增强自信心，嫉妒的阴影也将被去除，人际关系也将走上良性发展的正轨。

（四）异性交往困惑心理及处理方法

有一些学生在不良心理因素的作用下，与异性交往时总感到要比与同性交往困难得多，以致不敢、不愿，甚至不能和异性交往，这些大学生主要因为不能正确区别和处理友谊与爱情的关系，划不清友情与爱情的界限，从而把友情误认为爱情。大学生的年龄本来就是一个情愫迸发的年龄，对异性的渴望本是正常的事，但由于一些大学生没有树立起正确的"异性朋友观"，这必然会对大学生异性间交往带来一定的消极影响。

克服异性交往困惑心理常用的方法包含以下方面：首先，摆脱传统观念的束缚，树立正确的异性交往观；其次，积极参加丰富多彩的集体活动，因为集体活动有利于男女同学建立自然、和谐和纯真的人际关系；最后，异性交往要讲究分寸和场合，以免引起误会。

（五）猜疑心理及其处理方法

猜疑是人际关系中常见的不良心理品质，是指交往中遇事捕风捉影、对他人失去信任，怀疑他人的诚意，无法建立正常的人际关系，猜疑容易发生在具有封闭思路，对环境、他人以及自己缺乏信任感，曾经遭遇过交往挫折的人身上。他们往往变得自卑、消极、胆怯和被动，格外留心外界和他人对自己的看法，无法轻松坦然地与人交往，闷闷不乐、郁郁寡欢。猜疑者整天忧心忡忡，焦躁不安，也不肯对他人倾诉，不但自己心情低落，更会影响正常的人际关系，阻隔信息的交流，容易将怀疑他人内化为怀疑自己，失去前进的信心。

克服人际交往猜疑心理常用的方法主要有以下几方面。

第一，增强自信心。每个人都具备独特的优势，关键在于能否发现长处，培养自信。充满信心地投入工作和学习，就不会有多余的精力去计较他人细微行动后面的"潜台词"了。

第二，及时沟通，消除误会。人与人之间多少都会发生误会，但只要具有澄清事件、消除误会的能力，再大的误解也会烟消云散。因此，当意识到可能造成误会的时候，应冷静自身情绪，找好时间、地点，尽快与误会的对象开诚布公地交流，了解彼此的真实想法，心平气和地解决问题。

第三，学会自我安慰。当一个人遭遇生活中的议论与流言时，通常都会有情绪上的困扰。只要未触犯立身处世的大原则，都可以从容面对细节，减少不必要的烦恼。与其将精力耗费在虚幻的争执上，不如节省精力更好地处理自身事务。

第三节 大学生心理健康的挫折与压力

一、大学生心理健康的挫折

（一）大学生产生挫折心理的原因

人的需要、动机只是一种主观愿望，它同客观现实之间总是存在着这样或那样的矛盾，这种主观愿望和客观现实之间的矛盾是挫折心理产生的重要原因。挫折心理是指人们在通往既定目标的道路上，遇到挫折时产生的心理上紧张和情绪上的不适应状态，其中既有阻碍目标实现的种种主观因素，也有由于某种障碍和干扰致使需要不能满足而产生的愤怒、恐惧、焦虑、悲观、痛苦、不安等心理反应。因此，随着社会的进步和外部环境的变化，大学生挫折心理产生的原因主要包含以下几方面。

1. 外部原因

外部原因，即客观环境因素产生的挫折，是指由于客观因素给人带来阻碍和限制，使人的需要不能满足而引起挫折。客观环境方面的因素又分自然因素、物质因素和社会因素。

第一，自然因素产生的挫折，自然因素是指各种人为力量无法抗拒的因素，如无法预料的天灾、人祸、生老病死等。

第二，物质因素产生的挫折，包括家庭经济状况、学校生活环境和学习环境不如意产生的挫折，其中，家庭经济困难使大学生心理产生挫折的可能性最大，许多贫困学生因此而自卑、意志消沉或心态失衡，因经济拮据而造成的心理挫折在各年级大学生中都有一定的比例。

第三，社会因素产生的挫折，指个体在社会生活中受到政治、经济、道德、习惯等因素的制约而造成的挫折，各种愿望因某种原因而不能实现，或因人际关系紧张，社会生活事件等而产生的挫折。与自然和物质因素相比，社会因素给学生带来的阻碍或困难更复杂、更普遍、更广泛。

2. 内部原因

内部原因，即主观条件因素产生的挫折，是指由于个人生理、心理因素带来的阻碍和限制所产生的挫折。

（1）生理因素产生的挫折，指因自身生理素质、体力、外貌以及某些生理上的缺陷所带来的限制，导致需要不能满足或目标不能实现的挫折，如个子太矮、容貌不佳、智力不高等。尽管人人都追求外表美，但如果能正视自己、悦纳自己，重视培养自身的内在气质、自信、自强、快乐，便会形成一种过人的人格魅力。

（2）心理因素产生的挫折，指个体因需求、动机、气质、性格等心理因素导致活动失败、目标无法实现而产生的挫折。主要与以下因素有关。

第一，个性不够完善。思想成熟、性格坚强、行为规范、社会适应能力强的学生遇到挫折很冷静，能正确认识，并做出理智反应；反之，思想幼稚、性格脆弱、社会适应能力差的学生遇到挫折会夸大对事实的认识，甚至产生过激反应。

第二，自信心不足。自信心强的学生敢于向挫折挑战，百折不挠，勇往直前；而自卑感强的学生，受挫后会一蹶不振，心灰意冷，意志消沉。由于不能全面正确地看待事物，不能正确对待自己和他人，从而产生嫉妒、失望、自卑等心态。

第三，个体抱负水平过高。个体抱负水平是指一个人对自己的行为所规定的标准。一个人的自我估计、期望水平恰当与否，往往是造成心理挫折的重要因素。抱负水平太高的学生若为自己制定了一个无法实现的人生目标，那么就会遭受挫折。

第四，动机冲突。动机冲突是指产生两个或者两个以上的动机，但由于条件限制，二者不能兼得。在现实生活中，一个人经常同时产生两个或多个动机，如果这些并存的动机受条件限制无法同时获得满足，就会产生难以抉择的心理矛盾，即动机冲突。如果这种冲突持续得太久，太激烈，或者一个动机得到满足，而其他动机受阻，都会产生挫折感。理想与现实冲突所带来的挫折体验在大学各年级都表现得比较强烈。

（二）大学生应对挫折的反应

挫折具有必然性和普遍性，同时还具有两面性：一方面，挫折具有消极性，使人失望、痛苦、沮丧或引起粗暴的消极对抗行为，甚至导致攻击侵犯行为或失去对生活的追求，给自己和他人造成严重损失；另一方面，挫折又具有积极性，给人以教益，使人认识错误，接受教训，磨炼意志，使人更加成熟、坚强，在逆境中奋起，从而获得进一步的发展。

挫折的消极性和积极性是相对的，也是可以转化的。当遇到挫折时，以积极的态度面对挫折，将挫折变为动力，以顽强的毅力继续奋斗，或重新调整目标，从而使需要或动机获得新的满足的心理过程和实践过程，即减少挫折的消极因素，积极寻找挫折积极的一面，促使挫折产生的消极因素向积极方面转化。大学生是同龄人中的佼佼者，当遇到挫折时，常常盲目自信和固执，缺乏灵活性，从而使自己长期处于不良情绪之中不能自拔，致使挫折感不断增强。

人们对挫折的反应有着不同的情形，有的情绪反应强烈，有的则不明显；有的以各种偏激的行为表现出来，有的则以积极的方式来对待。一般而言，可分为情绪性反应（也称原始性反应）和理智性反应两类（也称自我防卫反应）。

1. 情绪性反应

情绪性反应是指个体在遭受挫折时伴随着强烈的紧张、愤怒、焦虑等情绪所做出的反应，表现为强烈的内心体验，也可表现为特定的行为反应，主要表现为以下几方面。

第一，焦虑。它是一种模糊的、紧张不安的综合性负面情绪，常常伴随焦急、忧虑等感受，甚至可能会出现出冷汗、失眠等神经生理反应。当人们面临心理冲突、情境压力或遇到挫折，或者预感到某种不祥的事情或不良的后果将要发生，或者感到需要付出努力的情境将要来临而又感到没有把握预防和解决时，都会产生焦虑情绪。挫折是引起焦虑的重要方面，人们遇到挫折时一般都会表现出某种程度的焦虑情绪。

一般而言，焦虑的情绪体验总是不愉快的，甚至是痛苦的。过度的焦虑会使人的情绪很不稳定、心情烦躁、神经过敏，对生活事件反应过度，致使认知能力、思维能力、对外界的适应能力和自信心显著降低。因此，持续的、过度的焦虑对人们的身心健康是有害的，若不及时调整，设法尽快摆脱或降低焦虑，可能会导致心理障碍，如焦虑症等。与此同时，适度的焦虑也有积极作用，当人们面对挫折或感到即将面临挫折时，适度的焦虑常常有助于集中注意力，活跃思维，从而最大限度地调动身心资源，集中精力去应对挫折或即将到来的挑战，如考试前适度的焦虑可以使学生更集中精力去准备；当众演讲时适度的焦虑可以使人的思维更敏捷，发挥得更好。

第二，退化。指当人们受到挫折时所表现出的与自己年龄和身份不相称的幼稚行为，不同年龄阶段的人各有其不同的情绪和行为模式。随着年龄的增长，在社会生活方方面面的影响下，人们在情绪和行为方面会日益成熟起来，使自己逐渐学会控制自己，在适当的场合和适当的时候，表现出与自己年龄相符的情绪反应和行为。当人们遇到挫折后，一些人在一定程度上会失去对自己的控制，以低于自己年龄的简单、幼稚的方式应对挫折，以求得别人的同情，有时甚至是自己的同情和照顾，而这种情况常常当事人自己不能清醒地意识到。退化是一种由成熟向幼稚倒退的反常现象，不但不能有效地应对挫折，反而会使人的判断能力降低和工作效率下降，甚至使人缺乏主见、脱离现实、意志衰退。

第三，固执。指一个人在受到挫折后，采取刻板的方式盲目地反复进行某种单调、机械的无效动作，尽管知道这些动作对目标的达成、需要的满足并无帮助。固执是在一个人遭受挫折而又一时无法克服或回避的情况下，产生的过多、过严的惩罚和指责，或者当人处于惊惶失措状态时产生的固执行为。固执行为的特点是呆板无弹性，具有很大的强制性，是在人们遇到挫折后感到无能为力和不知所措时产生的反应方式。因此，这种挫折反应方式并不是不可改变的，当人们获得了更适当的反应方式后，就会取代固执行为。

第四，逃避。指一个人在遇到挫折或感到可能面临挫折时，不能面对现实，正视挫折，而是以消极的态度躲开挫折现实的一种挫折反应方式。逃避虽然可以使人们降低因挫折产生的紧张感，或者避免再次受到挫折的伤害，但当事人面对的现实问题并没有解决，毕竟有些问题又是不能回避的。因此，逃避常常使人害怕困难，不求进取，长此以往将会降低人们的适应能力和自信力，甚至可能会导致适应不良。人们逃避挫折的方式各种各样，幻想也可以看作是一种典型的特殊的逃避方式。

第五，冷漠。指当一个人遇到挫折时，表现出的一种无动于衷和漠不关心的态度，这是一种复杂的挫折反应。从表面上而言，冷漠似乎是逆来顺受，毫无情绪反应，而事实上冷漠并不意味着当事人没有反应，而是对挫折更加痛苦的内心体验，只是被压抑或以间接的形式表现出来。一般情况下，对挫折的冷漠反应是由于一个人长期遭受挫折或感到没有任何希望摆脱或消除困境而产生的。

第六，幻想。指一个人在遇到挫折时企图以自己想象的虚幻情境来应对挫折。通过幻想，人们可以暂时脱离现实，在自己想象的情境中满足一些自己的需要和欲望，使人产生一种愉快和满足的感觉。当人们遇到挫折时，暂时的幻想可以使人在一定程度上缓冲挫折情绪，但如果用幻想来应对现实中的挫折，特别是长期处于幻想状态，或养成了从幻想中实现现实生活中实现不了的目标的习惯，就会使人降低对现实生活的适应能力，脱离现实生活，甚至可能导致精神疾病。

2. 自我防卫反应

自我防卫反应是人们为了减轻挫折造成的心理压力、维持心理平衡所采取的自我保护方法，主要包括以下几方面。

第一，文饰。当个体遇到挫折之后，往往表面上不动声色，把心理上的烦恼、焦虑、苦闷统统埋藏在内心深处，显示自己的长处，提高别人对自己的评价，从而减轻心理压力，以弥补失败所带来的自尊心的受挫，这种行为反应往往起着自我欺骗和自我麻痹的作用。

第二，压抑。生活中常见到一些人在非常生气时，会努力控制怒气不要爆发出来，这种行为称为压抑。而压抑是指个体在不知不觉中自动地抑制情感的一种行动，它是否认事实存在，把不愉快的心情在不自觉中有目的地忘却，以免心情不愉快，这种防卫机制比较常见，对身心危害较大，心理学家认为，一切疾病都是由过度压抑造成的，遇到挫折最好一吐为快，想办法把内心的不满、不愉快的情感宣泄出来。

第三，反向行为。反之于动机而行，又称"矫枉过正"现象，指个体为了防止自认为不好的动机外露而采取与动机方向反之的行为，这种内在动机与外在行为不一致的现象，称为反向作用，它实际上也是对个人的冲动和欲望进行压抑的一种心理表现。

第四，推诿。当个体遭到挫折后，不是从本身的缺点、弱点方面加以分析，而是把责任推给他人、埋怨他人，以减轻自己的焦虑与不安，这是一种文过饰非的行为。

第五，投射。有时候人们会以自己的想法去推测别人的想法，将自己的思想、感受和行动推到别人身上，这在心理学上称作投射，通常指将自己不喜欢或不能接受的性格、态度、意志或欲望转移到别人身上。

第六，认同。一个人以各种各样的方式去建立与另一个人、一个团体或一个目标的同一性，自觉模仿他人优良品质和获得成功的经验和方法，使自身更适应社会要求，增强信心和勇气。认同作用就是把别人具有的使自己感到羡慕的品质加在自己的头上，或是将自己与崇拜的人视为一体，以提高自己的信心、声望、地位，从而减轻挫折感。

第七，补偿。当个体行为受挫，或因个人某方面的缺陷而使目标无法实现时，往往以新的目标代替原有目标，以其他方面的成功来补偿因失败而丧失的自尊与自信，即一个目标不能实现即转向另一个更适合自己的目标，从而取得成功。

值得注意的是，补偿的行为反应并非都是积极的。由于个体要实现的目标有高尚与平庸之分，挫折后对补偿的选择也有进取与沉沦之别，因而决定了补偿有积极与消极之分。如果补偿选择的新的目标和活动符合社会规范和人的发展需要，这时的补偿反应行为是积极的、有益的；如果补偿选择的新的目标和活动不符合社会规范或有害于心身，虽然这种补偿的反应行为使自己暂时获得了心理平衡和心理满足，却也无助于心理健康发展，有时还会使自己自暴自弃，甚至危害他人与社会。

第八，升华。用一种比较崇高的具有创造性和建设性的目标代替，借以弥补因受挫而丧失的自尊与自信，减轻痛苦。升华是一种富有建设性的行为反应，它使人在遭受挫折后，将不为社会认可的动机和不良的情绪移到有益的活动中去，使其转化为有利于社会并为他人认可的行为。升华是最积极的行为反应。

（三）挫折承受力的培养途径

人的生活和工作不可能是一帆风顺的，人的生命历程难免风风雨雨、坎坷不平。有时候某种需求会与现实状况发生抵触，有时候某种行为又会遇到障碍或干扰，如学习中的困难、身体上的不适、人际关系的纠葛等，这些都说明人生难免会有各种艰难曲折。挫折会给大学生以打击和痛苦，也能使大学生奋进、成熟，从中受到磨炼和考验，变得坚强起来。面对挫折，大学生要学会积极应对，最大限度地减轻挫折所带来的不良情绪反应，不断提高自己的挫折承受力，保持身心健康。因此，培养大学生对挫折的承受力将有助于他们的心理健康并助其成才。

挫折承受力指抵抗挫折而没有不良反应的能力，即个体适应挫折、抗御和对付挫折的能力，是个体在遇到挫折情境时，经受打击和压力，摆脱和排除困境而使自己避免心理与行为失常的一种耐受能力。挫折承受力是维护个体心理健康的一道防线，挫折承受力较低的人，几经挫折的打击之后，容易失去人格的统整性，甚至会出现人格扭曲，形成行为失常和心理疾病。培养挫折承受力对精神健康的意义重大，不同人的挫折承受力不同，同一人对不同的挫折情境的承受力也不同。挫折承受力是后天学习来的，无论是家庭还是学校，都应该教育大学生学会承受日常生活中遇到的挫折，鼓励他们从挫折中获得经验教训，增强克服困难的信心，而且要通过提供适度的挫折情境，采取恰当的方法来锻炼大学生的挫折承受力。

1. 正确认识挫折

提高承受挫折的能力，要正确认识挫折，建立一个正确的挫折观。例如，在现实生活中，考试不理想、人际关系困难、生活不适应等挫折。事实上，挫折如果处理得好的话，它也可以成为自强不息、奋起拼搏、争取成功的动力和精神催化剂。生活中许多优秀人物就是在挫折磨炼中成熟，在困境中崛起的。反之，过于一帆风顺的生活反而会使人过于安逸、丧失斗志，在挑战到来时措手不及。因此，挫折也是一种机会，只要能坦然面对挫折，树立战胜挫折的勇气和信心，就可以适应变化的环境。

2. 加强修养，勇于实践

为了提高挫折承受力，应主动地、自觉地将自己置身于充满矛盾的、复杂的社会环境中去磨炼，向生活学习而不是逃避社会。同时，必须提高自身的思想修养、道德修养、知识素养，培养慎独精神，养成冷静思考的习惯，经常自我分析，自我反省，自我激励。从心理发展的角度而言，积极主动地适应，勇敢顽强地拼搏，反复不懈地磨炼，会使心理更趋成熟，增强承受挫折、化解冲突的能力，促进心理朝着健康、向上的方向发展。

3. 优化自身人格品质

挫折承受力与人格特征有关。为了提高挫折承受能力，每个人都应主动地培养自己良好的人格品质，改变那些不适应发展的不良人格品质，培养自信乐观、自强不息、宽容豁达、开拓创新等品质。自信才能乐观，乐观才能自信，两者相辅相成。当遇到挫折、困境时，相信自己一定能取胜，积极去改变现实，克服困难，战胜挫折，这是自信的作用。乐观者在面临挫折困境时，不会被眼前的困难吓倒，而是看到希望，从而信心十足地去战胜困难。自强不息是良好的意志品质，是一切成功者的共同特征。宽容豁达和开拓创新的人胸怀宽阔，对挫折不是被动地适应，而是面向未来，积极进取，勇于创造新生活。因此，提高承受挫折的能力应从培养良好的人格品质入手，从细微小事中严格要求自己，努力在实践中锻炼，使自己的心理得到充分、有效的发展，心理健康达到高水平的状态。

4. 正确认识自己

第一，肯定自己，增强自信。挫折可以使人沉沦，也可以使人猛醒和奋起，关键在于受到挫折时，能否从失败中吸取经验，能否发现自己的优势和民处，从而振作精神，重整旗鼓。人在情绪低落的时候最容易自我贬低，因此，遭受挫折时更要有意寻找自己美好的一面，增强自信。

第二，发现自己的优点。努力去发掘自己的优点，可分类记录，如个人专长；做过哪些有益或建设性的事；过去哪些人称赞过自己；受过的教育；家人、朋友对自己的关怀等。找出自己的优点越多，自信心就越强。

第三，调节抱负水平。抱负水平是人在从事某种实际活动之前，对自己要达到的目标所规定的标准。挫折总是跟目标连在一起的，挫折就是行为受阻，目标没有实现。因此，当受到挫折后，要重新衡量一下，目标是否定得过高，是否符合主观条件，所定的目标最好是既有足够的把握，又要经过一定努力才能实现。

第四，建立和谐的人际关系。遇到挫折时，朋友、亲人的帮助支持也是提高挫折承受力的重要因素。人际交往遵循互惠互利原则，要想在困难时得到朋友精神上的支持和其他帮助，那么在别人困难时，就应主动伸出援助之手。此外，应多与亲人、朋友交流思想、沟通感情。

第五，接纳自我，悦纳自我。"自我接纳指个体对自身以及自身所具有的特征所持的一种积极的态度，即能欣然接受自己现实中的状况，满意于自己有某些长处的同时，也允许自己有不足的地方。"[1]

（四）培养挫折承受力的方法

第一，重德才轻名利法。重视德和才，加强自我品德修养，积极向优秀的人学习，努力搞好学业成绩和提高能力；淡泊名利，不为名利所动，心平如镜，提高挫折承受能力。

第二，名言警句调节法。在书本扉页、床边、墙上等自己经常出入的较显眼的地方贴上有针对性的名言、警句、格言，以提醒自己，控制过激情绪，并激励自己上进。

第三，转移法。受到挫折、思想负担过重时，要想办法转移精神上的压力，缓解情绪，如大声唱歌，到户外散散步，找好朋友倾诉，画画等，逐渐忘记挫折，开阔胸襟，缓解精

---

① 　饶淑园，赖美琴，许炯等. 大学生心理健康 [M]. 广州：暨南大学出版社，2014：244.

神压力，以便寻找解决挫折的办法。

第四，宽容法。要正确认识自己，如果一味苛求自己，往往会加重自己的精神压力，以致削弱挫折承受力，造成自责、自罚的内疚心理。受挫有助于从正反两方面掌握知识，只有从正反两方面汲取知识才是健全的、准确的、清晰的，应把受挫看作一种推动力，增强忍耐力，合理的宽容是良好的自我修养，是正确进行心理调适的艺术。

第五，调整目标法。当一种动机和行为由于自身条件或社会因素的限制，经过再三尝试仍不能达到目标时，就要调整目标或降低要求并改变行为方向，以减缓心理上的冲突，增强前进的勇气和信心，也能扬长避短，积极进取。积极进行自我分析、自我反思、自我剖析、全面认识、评价矫正，在实现目标的实践中找出自己以前目标中理想自我与现实自我的矛盾，确立符合自己现实的目标，达成新的成功体验，树立新的符合自己实际的较高的目标，以此调节控制自己的挫折承受力。

第六，群体活动法。通过群体活动，采用"一帮一"等形式，把不同情况的学生结成互帮小组，共同克服困难，通过课外活动等增强其集体荣誉感，使其在集体活动中受到教育，体会到自己也是集体中不可缺少的一员，增强其信心，增强挫折承受力。

第七，比较法。大学生要与周围同学进行横向比较，提高竞争意识，也要善于纵向比较自己的过去和现在，不断鼓励自己，正确认识自己的短处，并能和短处和平共处，减轻心理压力，进一步提高挫折承受力。

二、大学生心理健康的压力

（一）大学生压力应对的现状

从整体上来而言，大部分大学生压力管理能力较好，但仍有部分大学生存在压力认知偏差，少数大学生采用自责、退避、幻想等不成熟的方式应对压力，大学生压力管理缺乏专业指导等问题。心理健康教育课程是大学生心理健康教育的主阵地，因此，有必要运用心理健康教育课程进一步开发并提升大学生压力管理能力。

大学生的压力应付方式首先是解决问题，其次是求助、幻想、退避、合理化和自责。解决问题和求助是一种相对成熟的应对方式，合理化可以归结为综合的应对方式，而幻想、退避和自责则属于不成熟的应对方式，具体表现在部分大学生常常以无所谓的态度来掩饰内心的感受或者幻想一些不现实的事来消除烦恼，面对困难首先想到的是怎样去回避而不是想办法解决困难，还有个别大学生心理压力大的时候采用消极的方式应对，这些不成熟的应对方式都不利于大学生身心的健康发展。

部分大学生尤其是大学新生，他们没有接受过系统的心理健康教育，在压力管理过程中欠缺专业的指导。步入大学后，面对陌生的环境，陌生的老师、同学，部分大学生在遇到心理压力的时候不知道如何排解，有的同学遇到心理问题时不懂该向谁寻求帮助，导致这些同学在面对压力的时候不能很好地进行自我调节，在应对压力时也不懂得寻求心理健康教育老师的指导和专业人士的帮助。

心理健康教育课程是大学生学习心理健康知识、预防及调节不良情绪干扰、开发自身内在潜能、提升心理素质的重要途径，对积极心理品质的培养有积极的影响，有助于提升大学新生的主观幸福感。因此，结合大学生压力应对的现状，有必要通过心理健康教育课程提高大学生的压力管理能力，以更好地促进大学生的健康成长成才。

（二）发挥心理健康教育的积极作用

为更好地发挥心理健康教育课程对大学生压力管理能力开发的积极作用，培养身心健康、全面发展的大学生，从心理健康教育课程建设、心理健康教育师资队伍建设、学生个体方面和发挥个体咨询与课堂教学互补作用等方面提出以下建议。

1.发挥心理健康教育的主阵地作用

心理健康教育课程是高校心理健康教育的主渠道，也是新时期下加强和改进大学生思想政治教育的重要途径。因此，为了进一步更好地发挥心理健康教育课程对大学生压力管理能力开发的积极作用，增强大学生应对挫折的能力，有效促进大学生全面发展，主要包含以下几方面。

（1）明确课程的定位。教育部办公厅印发的《普通高等学校学生心理健康教育课程教学基本要求》明确指出，心理健康教育课程的性质是：高校学生心理健康教育课程是集知识传授、心理体验和行为训练为一体的公共课。与其他注重知识传授的课程相比，心理健康教育课程具有以活动为主、注重情感体验的特点，在具体的实践教学中，心理健康教育主要有活动课、专题辅导课、综合课等类型。

在新时代下教育教学中要坚持人本理念，彰显人文关怀，把以人为本贯穿于整个大学生心理健康教育过程之中，紧紧围绕学生的实际需要，贴近学生学习、生活的各个方面，时刻关注学生的思想动态，及时了解学生遇到的挫折和压力，准确分析诊断出学生产生压力的根源。结合学生的个人特点，采取有针对性的办法，调整学生的心态，逐步把压力转为动力。

（2）丰富课程的教学内容。高校心理健康教育课程的内容不仅包括心理健康知识的传授、学生心理问题的矫正，而且还包括心理潜能和创造力的开发等。只有丰富的心理健康教育内容，才能有效地完成心理健康教育的课程目标。在课程的内容设计上，既要开设显性课程，又要不断开发隐性课程；既要体现课程的时代性、又要富有针对性。"要结合新时代的发展理念，因材施教，帮助大学生摆脱心理困惑、解决常见压力问题，以及应对压力、困惑的调整方法，用大学生身边鲜活例子去激励他们，用大学生乐于接受的方式去感染他们，引导大学生走向校园实践，适应学校生活，增强心理素质，提升个人魅力。"[①]因此，在把心理健康基础理论或大纲要求的知识点解析清楚后，还应根据大学生的需要和特点，不断丰富和完善内容体系。

第一，坚守显性课程育人的主阵地。显性课程是指学校为实现一定的教育目标，有计划、有组织、有步骤地实施课堂教学。高校的大学生心理健康教育课程必须覆盖全体大学生。压力管理作为心理健康教育课程这门公共必修课的一个重要的内容，教师在给学生上课时，要把关于压力管理的相关理论知识讲清、讲明、讲透，让学生真正掌握压力管理的知识。此外，结合学校实际开设选修课，不断完善大学生心理健康教育课程体系，以满足大学生们的需求。通过必修课和选修课的系统学习让大学生能够比较全面地了解心理健康的基础知识，强化大学生的压力管理意识，引导大学生养成自我调节压力、自我缓解情绪的良好习惯，提升个人的自我防御能力，促进大学生的健康成长成才。

第二，积极开发隐性课程。隐性课程对受教育者心理方式的影响有感染、暗示、模仿等作用。隐性课程在帮助大学生增长知识和眼界的同时，还可以潜移默化地影响学生，让学生在不知不觉中接受应对压力的知识，开发个人压力管理能力，充分发掘和运用各门课程蕴含的思想政治教育元素，统筹推进课程育人。在隐性课程方面，首先，高校要提高重视，把学生压力管理能力提升纳入全校心理健康教育工作规划中，建立强有力的工作运行机制，各职能部门联动、合作，二级学院全面行动的局面，二级学院还要积极落实工作，努力形成"学校、心理健康教育中心、二级学院、班级和学生宿舍"的五级心理健康教育格局；其次，可以以心理健康月为契机，开展心理知识竞赛、心理知识征文比赛、户外心理素质拓展体验等主题鲜明、内容丰富的心理健康教育实践活动，以大学生喜闻乐见的方式去传播心理健康知识，增强教育活动的吸引力，使大学生应对压力的能力得到有效锻炼，心理素质可以不断提升；最后，营造良好的心理健康教育环境氛围，心理的健康离不开优美的自然环境、积极向上的心理环境和良好的人文环境，通过大力优化校园环境、弘扬优秀文化、发挥朋辈榜样引领作用等，营造健康、和谐、积极心理文化氛围，促进大学生压力管理能力开发的效果。让大学生在无形的心理健康教育氛围中体验心理健康教育，更好地强化自身的心理品质。

---

① 赵玲玲．心理健康教育课程对大学生压力管理能力开发的研究[D]．桂林：广西师范大学，2018：41．

（3）拓展课程的教学方法。大学生心理健康教育课程既不同于心理学专业的课程，也与一般的大学公共课不一样，它不仅要求传授心理健康知识，还要求受教育者有相应的心理体验，在实践中形成良好的行为习惯，它是集知识传授、心理体验与行为训练为一体的公共课程。心理健康教育课程旨在使学生增强自我心理保健意识和心理危机预防意识，掌握心理健康知识，培养自我认知能力、与人沟通能力、自我调节能力，以切实提高大学生心理素质，促进大学生全面发展，这也决定了心理健康教育课程不能仅仅局限于传统以教师为主体的教学方式，还应该更加突出大学生的主体性，唤醒大学生内心深处的自觉意识，让大学生以积极、乐观的健康心态主动学习，让学生在体验中成长、提高，让教育内容脱离枯燥的教材真正进入学生的内心，进而增强大学生心理健康教育的实效性。

第一，善于运用互联网优势进行课程教学。利用网络的超时空性来弥补心理健康教育课程内容的滞后于时代的缺陷，教育者可以随时吸收先进的理念和观点，优化心理健康教育资源和内容，利用网络多媒体技术使心理健康教育更具有趣味性，如有效运用翻转课堂、慕课以及混合学习等方式，有条件的可以研发心理健康教育 App 等辅助教学，丰富大学生心理健康教育课程的方法和手段。心理健康教育课程作为心理健康教育的主渠道，在短短的课程学习时间，要取得显著性和持久性的效果较难，而引入翻转课堂教学，可以避免在一些基础性知识上花费太多时间，而且可以增强课堂互动性，更有针对性地解决同学们所面临的一些普遍性困惑，使教学更富有针对性和实效性。

第二，探索以学生兴趣为导向的主题教学。心理健康教育课程是更加注重学生情感体验的一门课程，需要更好地发挥学生的主体性，基于此，探索以学生兴趣为导向的主题教学就显得很有必要，这就要求任课教师在课前做好充足的准备，根据大纲和教学目标归纳出教学专题，在上课前发布给学生，让学生从所给的专题中选择自己感兴趣的主题，教师根据大多数同学的意愿，确定教学专题，并根据各班级的具体情况制订教学计划，实施教学。根据学生兴趣开展主题式教学，能充分调动学生的主动性和积极性，让许多学生把平时生活中遇到一些困惑以及压力都能在课堂上、在大家的相互讨论中找到答案，从而通过课程更好地进行心理健康教育，以更好地提升心理素质，塑造更健全的人格。

第三，重视理论教学与实践教育同向同行。理论是实践是先导，实践是理论的归宿。对大学生进行心理健康教育，不仅仅要求大学生们掌握心理健康理论知识，更重要的是大学生们通过学习能防患于未然，在自身遇到相关的心理疑惑、心理问题的时候能够知道怎样处理。大学生心理健康教育是一门实践性和应用性极强的课程，在授课过程中，既要向学生传授心理健康教育理论知识，又要注重引导学生参与实践，让学生在实践中提高自身的心理素质，提高抵御各种压力和应对挫折的能力，从而提升个人的心理健康水平。因此，有必要加强大学生心理健康教育的实践环节，促进理论教学与实践教学同向同行。

第四，探究朋辈心理互助分享式教学。人们行为发生变化不是因为科学性的事实依据，而是因为最亲近的、最信任的朋辈的主观意见，朋辈的行为变化为其行为变化提供了最有说服力的示范。朋辈心理互助是一种促进学生之间互助的发展性的心理辅导形式，是大学生心理健康教育的重要途径，它主要是指大学生之间相互进行心理疏导、心理调节的心理帮助，它通过开发和挖掘学生的内在潜能，激发大学生自身的自我调适机能，在与人交往过程中建立积极的人际关系，让大学生在助人的过程中使自身心理调节能力得到提高，心理卫生知识和意识不断增强，以达到同辈之间互相分享、相互帮助、助人自助的目的。高校可以通过以心理健康教育为主题的班会、团体辅导等形式，开展朋辈心理互助分享式教学。

（4）加强课程的教学管理。良好有序的教学管理是实现教学目标、提升教学质量的有效保障。为更好地发挥心理健康教育课程在大学生压力管理能力提升中的作用，需要从制度和质量评估等方面进一步加强教学管理。

第一，完善教学管理制度。大学教学管理制度在大学教学和教学管理中发挥着约束、导向和激励等多种功能。高校要紧抓综合改革的机遇，把信息化建设纳入学校的双一流建设发展规划中，不断创新教学管理制度，以满足新时代的高校思想政治工作发展需求。心理健康教育课程要适应时代发展不断完善教学管理制度，如加强学分制管理、完善教学团队管理办法，强化教学督导制度等，充分调动学生和教师的积极性，构建信息化、服务化、人性化教学管理新范式。

第二，加强跟踪课程评估。课程评估是心理健康教育教学管理的一个重要环节，一个完整的评估过程应该包括确定评估目标、评估项目、设计评估量表、挑选评估人员、实施评估计划等。加强课程跟踪评估是教学质量保障体系的重要组成部分，对加强教学管理与指导、促进教学评价与改革、监督教学内容与方式、提高教学质量与效果有重要作用。构建学生评教、教师自评和学校评估相结合的课程考核评估评估模式，可以根据教学的实际情况，采用分阶段、多形式的全面性考核，注意要把课堂学习、实践作业以及心理测评等重要内容加入考核评估体系中，同时还要生成反映学生学习状况的个人成长报告，注重过程性评价，不断提高课程评估的科学性和有效性。此外，尤其需要强化学生评教环节，这是检验高校心理健康教育实效不可缺少的重要环节，也是尊重大学生主体地位的重要表现，还是巩固提升心理健康教育教学质量的可靠保障。

2. 促进心理健康教育师资队伍的引导作用

教师是教育的主导，教师的能力及素质是课程教学效果得以实现是重要因素。心理健康教育的教师队伍总体呈现出背景多样、学历偏低、年轻化、资历浅等特点，因此，为更好地发挥心理健康教育师资队伍在大学生压力管理能力开发中的引导作用，提高心理健康教育师资队伍的准入机制、加强心理健康教育师资队伍的业务培训，全面提升心理健康教育师资队伍的专业化水平，建设和完备心理健康教育师资队伍十分必要。

（1）提高师资队伍的准入机制。根据教育部的要求，在心理健康教育教师配备方面，按照师生比不低于 1：4000 配备心理健康教育专业教师，每校至少配备 2 名专业教师。适当提高教师队伍的准入机制，一方面，要严格选聘心理健康教育专业的人才担任心理健康教育课程专任教师；另一方面，在选聘兼职教师的时候，要综合考虑其学科背景，是否具备相应的教学能力，经过一系列系统的考核，如听课、说课、试讲等，并由学校组成专家委员会进行评定，确认其具备心理健康教育教师的资格，定期进行校内外的专业理论与实践培训，逐步做到持证上岗，确保教学效果。

（2）加强师资队伍的业务培训。教师是学生心理健康的引导者和促进者，对学生的精神成长起着重要的决定作用。因此，心理健康教育教师应当具备较强心理健康教育理论知识和精湛的业务素质。在提升心理健康教育教师业务素质时，可以对心理健康教育的专兼职教师有针对性地开展业务培训，通过科学化、项目化的运作方式，争取让更多的心理健康教育教师得到培训、学习的机会，从而提高心理健康教育工作的专业水平。同时，还要不断扩大教师业务培训范围，重视对专、兼职教师进行心理健康方面的业务培训，如可以利用假期时间，每年选拔一定数量的教师外出进修学习，尤其是年轻教师和非心理健康教育相关专业的教师，考虑适当多给予业务培训机会，增强他们的业务能力。在"互联网 +"时代，充分利用网络载体，组织开展线上相关业务培训，既可以节约成本，也可以让更多的教师受惠。鼓励有相关学科背景和有条件的教师攻读心理健康教育更高的学位，不断向专业化和职业化方向发展，从而提高他们的业务素质和专业素养。除此之外，还可以在政策上予以适当倾斜，充分调动教师的积极主动性，促进教师们自主学习和自觉提升。

（3）提升师资队伍的综合素质。心理健康教育课程教师不仅需要具备扎实的专业知识、理论素养，而且还要拥有高尚的道德情操和良好的综合素质。教师应经常开展政治理论学习，与时俱进，了解国家相关政策和当代大学生的思想动态，提升自己的思想道德素质，并有针对性地开展教育教学。教研室要定期开展活动，把教师们聚集在一起备课，集思广益，在研讨上发现教学中的问题，在交流中找到解决路径，不断增强教师的教学能力，提升教学实效。年轻教师要多向有经验的前辈请教，学科负责人、教研室主任以及骨干教师也要发挥传帮带作用，增进教学经验的沟通与交流。高校可以组织教师到外校交流学习，积极学习其他院校优秀的教学经验和方法，鼓励教师们参加各种教学技能比赛，促使教师们在竞争中提高自身能力，营造一种注重教学能力、追求进步卓越的氛围，不断提高心理健康教育课教学质量。教师要贴近学生实际，围绕学生需求，主动与学生交流，组织召开学生座谈会，有针对性地完善教学，提升教师的亲和力和学生突发事件应对处理的能力。此外，利用教师节、校运会等契机，开展各种有益教师身心发展的活动，缓解工作和生活中的压力，切实提高教师的身体素质和心理素质。

3. 培养大学生在压力应对中的能动作用

学生作为受教育者，既是教育的主体，又是最大的受益者，只有教育者和受教育者形成合力才能实现教育价值最大化。为更好地发挥心理健康教育课程在大学生压力管理能力提升中的作用，作为学生而言，一方面，要端正自己学习的态度，重视心理健康教育课程；另一方面，要积极参与心理健康教育实践。

（1）提升课程学习的积极性。提升大学生心理健康教育课程学习的积极性关键在于端正课程学习态度。学习态度就是学习者对学校学习活动中所涉及的各种对象的一种心理倾向，它具有情感体验、行为倾向和认知水平三种成分。当人们在学习自己感兴趣的知识的时候，能够较快、较好地接纳并内化成自己的东西；反之，学习自己不感兴趣的知识则变得相对困难，好的学习态度对学习效果有极大的促进作用。

大学生心理健康教育作为高校思想政治教育的不可或缺的重要组成部分，对于开发大学生的潜能，促进大学生健康成长起着重要的作用。作为大学生要端正学习态度，明确学习的意义和目的，树立正确的学习动机，在学习中遇到挫折时，可以寻求心理健康教育教师、辅导员等的帮助，认真学习心理健康知识，提高应对心理问题的能力，提升自我心理健康素质。

（2）积极参与课堂教学活动。课堂教学是学校教育的主渠道，新时期加强大学生心理健康教育必须重视心理健康教育课程的课堂教学，使学生通过课程的学习明白压力管理对个人成长成才的重要性，正确认识压力，学习有效压力管理应对策略，在遇到心理压力时积极的应对压力，能够进行自我调适或及时寻求帮助，开发内在潜能，有效地管理压力。因教学计划的不同，每个学校的心理健康教育课程安排也不一样。除了任课教师用心备课、上课之外，自然也离不开学生在课堂上的积极参与以及全身心投入。大学生可以通过上课时认真学习理论知识、积极参与课堂小组讨论、完成课堂小练习等主动融入课堂教学的方式，在任课教师的引导下，积极探索适合自己并有效管理压力的策略，以促进身心全面、协调发展。

（3）主动参加课后实践教育。实践活动是一种参与性和体验性的教育活动，大学生通过实践活动亲身接触、感知和体验，把实践活动中的感性经验上升为理性认识，有利于促进大学生增长才干，磨炼坚强的意志，锤炼良好的品格，增强社会责任感。在现实的心理健康教育中，对大学生的心理健康教育主要以心理健康教育课的课堂教学为主，通过其他学科的渗透或者课外实践活动进行心理健康教育相对较少，但这种无形的教育方式往往能取得意想不到的效果。大学生心理健康教育的对象是全体大学生，主要关注如何预防学生心理问题和开发学生的内在潜力，高校要多组织课内外实践活动，调动大学生的积极性、主动性，让学生在实践活动中开发自己的潜力，塑造良好的心理品质。大学生也可以通过积极参加学生会、社团、心理健康教育协会和心理拓展训练等，在轻松愉快的氛围中加强与同学之间的互帮互助，培养集体意识，开发潜能和提高自身抗压能力，提高个体人际交往和抵御心理问题能力。

4. 彰显个体咨询与课程教学的互补作用

心理咨询是通过语言、文字等媒介，给咨询对象以帮助、启发和教育的过程。个体咨询在一定程度上可以弥补心理健康教育课程教学的不足，是大学生心理健康教育的一个重要补充。心理健康教育课程是对大学生进行心理健康教育的主要途径，对大学生压力管理能力的开发有积极的作用，应有效发挥个体咨询与课程教学在大学生压力管理能力开发的互补作用，切实提升大学生压力管理能力开发的效果。

（1）个体咨询有助于加强大学生压力管理能力开发的针对性。个体咨询是咨询师与求助者建立一对一的咨询关系，着重帮助求助者解决个人的心理问题，它主要包括面谈咨询、电话咨询、书信咨询和互联网咨询等。当前高校基本建立了心理健康教育的专业机构，如成立大学生心理健康中心等，每周一至周五都有安排专业的老师值班，为有需求的大学生提供有针对性的心理健康指导与服务。此外，还设有心理健康热线，方便有些在团体情境中无法及时解决的问题能够得到有效的处理。随着时代的发展，面对新形势，高校心理健康教育在坚持面对面咨询、电话咨询的基础上，要善于运用互联网开展大学生心理健康教育，突破空间的限制，凭借软件程序进行心理问题的评估与测量，人机对话一定程度上使得咨询过程更加中立和客观。

个体心理咨询最大的特点是注重个性化和主观能动性，相对于心理健康教育课程教学，其针对性强，咨询能够更加深入，将个体咨询作为开发大学生压力管理能力的一个重要补充，把对学生的群体引导与纠正个体行为偏差结合起来，是把突发性问题解决在萌芽状态的有效措施。通过个体咨询让学生对压力有正确的认知，学习积极的应对策略，有效的管理压力，开发大学生的内在潜能，促进其健康心理的形成和发展，全面提高大学生的心理素质。

（2）个体咨询有助于弥补课程教学对学生关注欠缺的不足。个体咨询与课程教学不同，它尤其注重维护个人隐私，具有严格保密性原则。一对一的、相对私密的个体咨询环境会带给前来求助的大学生带来心理上的安全感，在初次见面时咨询师会向来访者就咨询的性质、限度目标以及特殊关系做相关的说明，建立积极的咨询关系，并且强调保密性原则，一定程度上也可以缓解求助大学生的心理戒备，减少大学生的心理困惑，减轻甚至消除其心理压力，从而更有效地进一步帮助和指导大学生提高心理素质。

因此，在发挥心理健康教育课程教学在大学生压力管理能力开发主阵地的同时，注重发挥个体咨询与课程教学作为大学生压力管理能力开发的互补作用，是弥补大学生心理健康教育课程教学不足的有效途径。多途径地进行心理健康教育，能够更好地帮助大学生健康成长。

第三章　大学生心理健康的自我认同

第一节　大学生心理健康的自我发展

自我完善是个体在积极的人生目标的引导下，有意识地改进行为方式，优化个性品质的活动。自我完善是一个人履行社会责任，实现自我价值的重要途径。自我完善既是一种精神追求，也是一种行动实践，它体现了心理健康的更高水平，表达出一种积极的人生观和价值观。大学生活是认识自我、设计自我、充实自我的真正开始，是一个人走向自我完善的重要历程。大学校园是一片激发潜能、孕育希望的土壤，大学生比同龄人拥有更高的禀赋、更好的资源和更多的关爱，他们知识丰富、视野开阔，对未来、对人生有着更美好的憧憬。然而，大学校园里并不是只有青春、阳光与梦想，也有失落与迷惘。在这里，大学生远离父母，开始独立地反思自我、解读社会。面对学习压力、交往困惑、就业竞争、家庭贫困等一系列现实难题，许多同学步入校门时的渴望与激情慢慢消退，惆怅、焦虑等灰色情绪渐渐盘踞心底。大学生肩负着重大的社会责任与艰巨的历史使命，健康成长、努力成才，不仅是自我完善、自我实现的需要，也是振兴国家、民族的需要。

一、健全的自我意识

自我意识是个体对自己及自己与周围环境之间的关系的认识、体验和评价。正确的自我意识是良好的心理素质的体现，也是心理健康的标志。大学阶段正是一个人从青春期走向成年期的重要时期，也是人的自我意识充分发展并走向完善的重要时期。大学生客观地认识自我，正确地评价自我，积极地悦纳自我，有效地控制自我，科学地发展自我，有助于树立稳固的自信心，树立健康的自我形象，最大限度地发挥自身的潜能。自我意识对人的心理健康起着很重要的作用，它制约着人格的形成和发展，人的认识、情感、意志等都受到自我意识的影响。健全的自我意识是人类自身内在的一种成长机制，在人的心理发展中发挥着重要作用，具体包含以下几方面。

第一，导向作用。目标是人才发展的导航机制，一个人要想成就一番事业，必须从自身的实际情况出发，制定明确的目标，只有这样，才能发挥自身的潜能，激发强大的动力。自我意识健全的个体，在从事一项活动之前，活动的目的就以观念的形式存在于头脑中，据此制订计划，指导自己的活动，从而达到预期的目标。如果一个人的自我意识发展不成熟、不健全，他就不可能为自己确定奋斗的目标。

第二，自控作用。一个人要想取得成就，必须具备自立、自主、自信、自强、自制的意识，对自己的情感、行为加以调节和控制。自我意识健全的个体，可以在正确认识自我的基础上，对自己的情感、行为等进行控制，从而实现自己的目标。

第三，内省和归因作用。自我意识健全的个体，不仅能够确立理想自我的内容，而且能够通过自我控制来实现预期的目标。由于主观条件和客观条件的制约，个体在实现理想自我的过程中常常会遇到各种障碍，从而产生不同程度的挫折感，自我意识就会促使个体对自己的认识、情感、意志、行为等进行反省，找到遭受挫折的原因，并调整意识，形成新的理想自我的内容，使其与现实自我趋于统一。内省和归因是个体在成长过程中所进行的自我监督和自我教育。个体要想使自己的潜能得到充分的开发和利用而成为自我实现的人，就需要有积极的自我意识，随时对自己的认识、情感、意志和行为进行反省和审查。

总而言之，健全的自我意识在心理成长过程中起着导向、控制和监督的作用，是个体成才、成功的必备要素。大学生一定要树立健全的自我意识，使其为自己一生的发展发挥作用。

二、自我发展的任务

从人生的发展阶段而言，大学生处于青年期，青年期是由儿童向成人的过渡期、转变期，大学生应完成相应的心理发展任务，否则将不能顺利进入成人发展阶段或会影响成人阶段的发展任务；从心理健康的角度而言，顺利完成发展任务，有助于大学生获得积极向上的心态，并为后一阶段心理健康发展任务的完成奠定良好的基础，对前一阶段完成的发展任务产生积极的巩固或修复作用；反之则会带来挫折和失落，甚至阻碍心理的发展。大学生心理健康自我发展的任务主要包含以下几方面。

第一，发展能力。在大学期间，大学生可以增进和发展多方面的能力，使自己更有信心来表达这些能力，包括智力、体力、社交能力等。

第二，管理情绪。大学生们每天面对许多挑战，有些来自学习方面，如选修课、考试、写论文，还有些来自人际关系、家庭、生活等方面，从而产生种种不同的情绪，大学生要充分了解自己，认识自己的情绪，并以恰当的方式来处理情绪，这对整个人生都有着深远的意义。

第三，由自主迈向相互帮助。作为大学生，学习独立、学习自己承担责任是十分重要的。在学习独立的同时也要学习如何相互帮助，如何相互包容、友善待人，因为每个人的行为都会影响自己和他人，在有些情况下个人需做出牺牲、让步，以达成共识。

第四，发展成熟的人际关系。与他人建立关系对大学生的生活有很大的影响，建立成熟的人际关系十分重要，既要容忍和欣赏别人与自己的不同，又要有能力与别人发展亲密关系。维持这样一种亲密融洽的关系需要自我认识、自发性、自信心支持及沟通等。

第五，确立自己的角色地位，这一点对于大学生而言十分重要，它既影响自尊心、自信心的建立，同时也影响他人对自己的满意及接纳程度，还会影响对自己的评价。

第六，发展目的。发展目的包括不断增强能力、制订计划、设定方向和目标，首先，是职业上的计划及期望；其次，是个人兴趣；最后，是对人际关系及家庭的承担。人生目标的制定往往与大学生自己的价值观及信念有关。

第七，发展整合。大学生的价值信念是引导他们行为的方向，也是他们为人处世的原则，它包括行为与价值一致、顾及别人的利益、尊重别人的意见，同时能够肯定自己的价值观及信念。

从大学生的心理特点而言，大学生心理发展的任务可以概括为以下几方面：首先，澄清自己的角色形象，确立内在的生活目标，在更高层次上实现自我意识的统整；其次，发展良好的人际交往能力，学习与异性和同性建立亲密关系；再次，从心理上获得真正的独立，做好未来人生的规划；最后，发展社会所要求的专业技能、适宜的行为模式和积极的价值观念，完成社会化任务。

三、健全人格的发展

人格健全是心理健康的基础。一个人的人格特点会影响他对待事情、对待他人的观念、态度和行为方式。人格健全的人能正确地待人处事，不仅使自己身心愉悦，很好地完成各项工作，而且能让别人觉得与他相处很愉快。人格不健全的人则很容易出现心理健康方面的问题。

在日常生活中，在相同的处境下，拥有不同人格特征的人会有不同的行为表现。一类人在面对困难、挫折时，总是试图逃避、畏缩不前，对批评非常敏感，很容易受到伤害；而另一类人则不同，他们在面对困难、挫折时，总是勇敢地迎接挑战，把战胜困难当作超越自我的途径，即使结果很不理想，他们也可以坦然地面对现实，对前途充满信心，对生活充满希望。同样的压力、打击等精神刺激发生在具有不同人格特征的人身上时，他们的行为表现和内心感受是不相同的。换言之，人格通过影响一个人对压力事件的反应对他的心理健康产生影响。

（一）健全人格的特点

健全人格是一种在结构上和动力上向崇高人性发展的特征，健全人格可以表现出人格的完整性、统一性、稳定性等特点，是人格特征的完美结合，具体包含以下几方面。

第一，内部心理和谐发展。人格健全的人的需要和动机、兴趣和爱好、智慧和才能、人生观和价值观、理想和信念、性格和气质都向健康的方向发展。他们的内心协调一致，言行统一，能正确认识和评价自己的所作所为是否符合客观需求，是否符合社会道德准则，并且能及时调整自己与外部世界的关系。

第二，能正确处理人际关系，发展友谊。人格健全的人，常常在人际交往中显示出自尊和他尊、理解和信任、同情和人道等优良品质，友谊使人开朗、热情和坦诚。

第三，能把自己的智慧和能力有效地运用到能获得成功的工作上。人格健全的人，在学习、工作中能被强烈的动机和热情推动，从而使他们勇于创新，取得成功。他们的成功，往往又为他们带来满足和愉悦，并形成新的动机，使他们的生活更加充实。

（二）培养大学生健全人格

1. 构建自立意识

自立是个体从自己过去依赖的事物中独立出来，自己行动，自己做主，自己判断，对自己的承诺和行为负起责任的过程。自立可以分为身体自立、行动自立、心理自立、经济自立和社会自立五种。对大学生而言，自立是一项重要的发展任务。自立意识强的大学生在行为上表现出较多的自主行为与自控行为，他们能较好地安排自己的生活，面对挫折与困难时，能主动地进行自我调节与自我控制，能积极地参加学校的各种社团活动和其他形式的集体活动。自立意识强的大学生通常对自己有着比较积极的认识，能更积极地投入生活和学习，人际关系也更为和谐。通过一定的训练活动，如团体辅导等，可以增强大学生的社会自立意识。

2. 树立信心

自信是个体对自身的能力、价值等做出正向认知与评价的一种相对稳定的人格特征。成败经验是影响大学生的自信心的重要因素，特别是成功经验对大学生的自信心有显著的影响。培养自信的关键是要肯定自身存在的价值，学会客观地分析自己，既要看到自己的长处，也要了解自己的不足。有良好的自我信念，才能充分发挥自己的潜能，迈向成功之路。

3. 保持自尊

自尊是个人要求社会、集体和他人尊重自己，尊重自己的社会地位和荣誉的心理倾向，它和自我接受、自我肯定和自我赞许相联系。自尊是性格结构中的可贵品质。自尊的人渴望表现自己，进取心强，关注自己的形象，对平等有强烈的要求；热爱真理，尊重客观现实；既不孤芳自赏，也不随波逐流，能接纳和信任他人。因此，自尊心能使个体采取积极的生活态度，成为推动个体不断进取的巨大动力。

4.培养友谊

友谊是人类特有的一种崇高而优美的情感，友谊使人开朗、热情和坦诚，使人格向健康的方向发展。要培养友谊，就要积极地参加社会活动，经常与志趣相投的朋友、同学进行思想沟通和情感交流。

5.积极的生活态度

人格健全的人通常积极进取，能通过自己的努力实现自己的理想，从而体验到成功的快乐。人格健全的人往往比较乐观，他们常常能看到生活中光明的一面，对前途充满希望和信心。因此，大学生应当树立远大的理想，积极进取，努力奋斗，乐观地看待未来。

第二节　大学生心理健康的人格健康

人格结构是由多重人格成分构成的，而且这些成分是相互依存、相互作用、相互影响。"人的大多数观念和价值并不是逻辑思维的结果，而是人格的产物；反之，人所接受的观念和价值又再次强化了当事人的人格，使其更加稳定。"[①] 要了解大学生人格健康的内涵与特征，就必须理清大学生人格健康的结构要素，结合大学生心理发展特点和大学生人才素质需求，可以从大学生的认知能力、情绪情感特征、自我潜能发挥、社会适应性这四个方面来分析大学生人格健康的内涵，如图3-1所示。

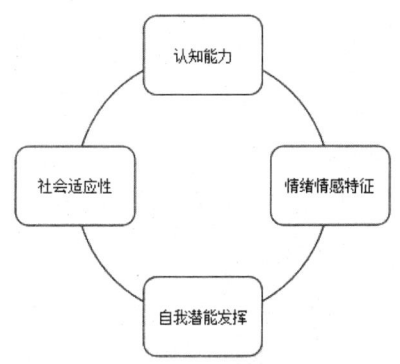

图 3-1 大学生人格健康的内涵

---

① 中共贵州省委教育工作委员会，贵州省教育厅组.大学生心理健康 [M].贵阳：贵州科技出版社，2012：91.

第一，认知能力是人格健康的基础要素，包括注意力、观察能力、表达能力、记忆力、综合分析能力、自学能力、组织协调能力以及创造力等诸多方面的具体能力，这些能力是他们高效优质地完成大学期间的学习和生活任务以及其他实践活动的保障，也是大学生形成健康人格的必要条件。

第二，情绪情感特征是人格健康的标志要素，包括乐观的心态、良好的自我调节能力、宽容的态度等，其中调节情绪的能力是人格健康的重要因素。以积极乐观的心态面对美好的生活，遇到困难挫折时能够积极面对，学会合理的宣泄自己的不良情绪，这些都有利于大学生健康人格的构建。

第三，自我潜能发挥是人格健康的中心要素，形成积极的自我概念、具有明确的自我认同感、客观的自我价值感、激励自己，发挥自己的潜能。自我潜能的发挥对人格的发展有着重要意义，在日常生活中，人要对自己有信心，相信自己具有挖掘自身潜能的能力，积极应对生活中的困难和挫折，这样才有利于大学生人格的健康。

第四，社会适应性是人格健康的核心要素。社会适应能力是衡量一个人心理是否健康的重要指标，具体内容包括能够习得并接受社会规则，对外界刺激做出理性反应，适应当今社会的变化。大学生要努力适应所处的学校和社会环境，成长为一个人格健康的人。

一、大学生人格健康的特征

大学生人格健康的特征包含以下几方面。

第一，具有明确的自我意识。正确的自我意识是形成健康人格的基础。具有健康人格的大学生首先应该能正确地认识自己，认清自己的优点和长处，看到自己的缺点和不足。当今大学生面对的是一个错综复杂的社会环境，面临各种诱惑和不良现象，需要他们客观地评价自己，能正确认识自己与周边环境的关系。能够不断地自我调整，积极悦纳自我，有效控制自我，从而达到不断自我提升，科学发展自我的目的。大学生如果人格健康，就能够恰如其分的评价自己，既不盲目自信，又不会悲观消极，所认同的就是现在的自己，这样的人才是一个心理健康的人、人格健康的人。

第二，具有良好的情绪调控能力。良好的情绪调控能力是形成健康人格的保证。情绪在人的日常生活中发挥着重要的调节作用，一个懂得掌控自己情绪的人，在成功路上会走得更加顺利。情绪稳定在一定程度上象征着一个人的成熟度，良好而又稳定的情绪还能体现一个人的心态和生活状态。当处于积极的情绪状态时，人们眼中的人和事都是美好的，对自己的评价会相应提高，工作和学习的效率也都会相应提高；而当一个人情绪消极时，看待事物的态度就会消沉，影响一个人的活动状态，在此情况下，人很难得到最大程度的提升。具有健康人格的大学生能够以一种积极乐观的心态投入到美好生活中，接纳自己的情绪波动，能及时有效地调节情绪，合理地宣泄不良情绪，这样的人在心境上是愉悦的、幸福的，也会得到更多的社会认可。

第三，具有和谐的人际关系。人是处在一个社会群体中，是一种社会人，不可避免地要与别人接触。是否具有良好的人际关系是大学生人格是否健康的重要标志，如果一个人具有与人交往的意愿，并且乐于与人交往，在交往中能够接受并包容别人的缺点，懂得站在别人的角度思考问题，那么，他的人际关系是和谐的，相应的也会得到别人的尊敬和认可，也容易得到别人的接纳，这种和谐的人际关系有助于大学生人格健康的构建。而具有健康人格的大学生，他们对别人的态度往往也是宽容的、是乐观的、是接纳的、是谦逊的，也是具有和谐的人际关系的。因此，和谐的人际关系不但是人格健康的反映，而且是形成人格健康的重要条件。

第四，宽容接纳的心态。保持宽容接纳的心态对大学生健康人格的形成非常重要，如人格健康的大学生能够接纳同学比自己优秀的方面，能够接受老师的一些不完美，这样更加有利于自己内心的和谐。人格健康的大学生能够理智客观地看待各种社会现象，具有宽容的心态是大学生人格健康的一个重要特征和保证。

第五，奉献社会的意愿。具有健康人格的大学生是个人价值与社会价值相统一的人。在享用了社会和国家所提供的资源和便利的同时，也具有尽自己所能来回报社会帮助他人的愿望，这样的人才不会把自己所拥有的东西认为理所当然，才会以一颗感恩的心对待他人和社会。在帮助他人，奉献社会的同时，大学生自身也是愉悦的。对自己所处的外部环境也会多一分理解，少一份抱怨。具有奉献社会的意愿，有助于大学生适应目前所处的学校环境和将要进入的社会环境。

总而言之，这五个方面概括了大学生健康人格所具备的基本特征，这是衡量一个大学生人格否健康的重要标准和尺度。对于高校促进大学生人格健康，大学生进行自身的不断提高和发展，这五个方面也是其具体的努力目标，是可以参考的重要标准。

二、大学生人格健康的培养目标

人的全面发展是人类自身以及社会发展的最终目标，人类的全面发展最终保证社会的全面发展，社会的全面发展又将反向促进人类的进一步发展。全面发展体现了人格的健康发展，实现全面发展的过程也就是实现人自身价值的过程。人格发展与全面发展之间存在本质的联系，人格发展是全面发展的内在动力，同时全面发展又引导人格发展。人格由价值、动力以及规范三个方面组成，这三个方面也是导向价值的三个基本维度，其中价值控制方向、动力保证发展、规范体现修养。因此，大学生健康人格培养的最终目标就是实现全面发展，全面发展能够有效保证人格发展以及完善，两者之间具有一定的一致性。

大学生人格健康的具体培育目标包括以下几方面。

第一，培养大学生强烈的进取心和求知欲。进取心是指不满足于现状，坚持不懈地向新的目标追求的蓬勃向上的心理状态。人类如果没有进取心，社会就会永远停留在一个水平上。大学生如果具有进取心，就会渴望有所建树，争取更大更好的发展；为自己设定较高的目标，勇于迎接各种挑战。社会中的每种人均存在一定的精神需要，也就是认知需要。当人在面对一个自身难以理解的问题时，其精神上将产生一种极强的求知欲，这种求知欲将引导其在新的领域拓展知识面，认知和掌握新知识，从而满足其精神上的需求。对自身所不了解的领域加以探索并不断摸索客观事物本质的过程就是获取真知的过程。人生中最崇高的目标就在于获取真理性的认识。大学生真正意义上的健康人格必须具有这种探求事物客观属性的特质，实现在人类生活中主体与客体相统一的高度的和谐境界。

第二，培养大学生高尚的道德品质和健康的心理素质。高校教育在注重学生道德教育的同时还需要培养更高的人生追求，形成高尚的道德品质，使大学生形成起与当今时代发展相适应的道德认知与道德行为，使大学生真正把知识与教养结合起来，把理想与道德结合起来，为树立健康文明的道德风尚起到积极的促进作用。"对于大学生而言，和谐社会的构建需要他们具有责任意识、创新意识、开拓意识、竞争意识、拼搏意识和效率意识，具有面向世界、面向现代化、面向未来的素质，而这些往往与自信自强、乐观向上、诚实守信、高尚情操等健康人格特征联系在一起。"[①] 健康人格从某种意义上说更多的是从心理层面进行探讨，心理健康可以作为培养大学生人格健康的目标。人格的众多问题很大一部分是源于心理素质的低下，在大学生健康人格的培养中，健康的心理素质培养处于重要地位。

第三，培养大学生良好的社会适应能力和审美能力。具有健康人格的大学生必须是一个能够适应社会的人，社会适应能力是一种能够根据社会生活中的变化，及时反馈，随机应变地进行调节的能力。良好的社会适应能力是一个人综合素质的反映，包括心理承受能力、工作应变能力、人际交往能力、竞争意识等。大学生只有具备这些能力才能是一个具有健康人格的大学生。美可以分为艺术美、社会美以及自然美三种。当代大学生人格中应当具备美的特质，人格健康需要大学生能够对美作出一定的判断并对美加以追求。加强审美修养对大学生健康人格的培育具有不可或缺的作用，通过审美情感和审美能力的教育进一步完善大学生人格。

① 韩中敏．大学生人格缺陷反思及健康人格教育［D］．合肥：合肥工业大学，2009：31．

三、大学生人格健康的培养原则

（一）坚持理论与实践相结合

人格的形成过程是一个从实践到认识，再从认识到实践的不断深化的过程。在大学生人格健康培育的过程中必须坚持理论与实践相结合的原则。贯彻理论联系实际原则要做到：一方面，实践需要理论的指导，要重视系统理论知识的教学，并联系实际进行指导，没有科学的人格理论是不可能有健康人格的实践，没有科学理论的指导，不利于健康人格的长期深远的发展；另一方面，理论离不开实践，大学生自身修养的提高都是在实践过程中去完成的，一个人的人格理论素养只有经过实践的锻炼才能得到检验和深化。学校要根据教学要求组织学生参加必要的实践活动，培养学生运用知识进行实践的能力。

"大学生不仅要通过社会实践活动以及实习的机会来接触社会、了解社会和适应社会，使内部的思想和行为方式能够有机地统一起来，以培养现代社会所需要的依靠自己、善于学习、积极进取、勇于创新、追求进步和自强不息的人格特征"[1]。并且也要在构建健康人格的同时，积极地将所学习的知识和健康人格塑造相结合。既要重视人格的理论的学习，又要通过实践活动进行检验；既要提高自身的思想认识水平，又要做出相应的行动，把认识和实践、思想和行动统一起来。

（二）促进人格主体性与社会性发展相结合

社会由人类所组成，每个人都是社会中的一个主体，主体性也是人最基本的属性。随着社会的发展以及时间的推移，个人所具有的主体性逐渐显现出来。作为人格最重要的组成部分，人格主体性包含个体所具有的主体意识和精神思想，主体性是区分社会个人最突出的特性。教育中应当注重健康人格主体性的培养，也就是在培养大学生健康人格的同时使其能够对道德规范具有主观能动性。大学生人格的主体性突出表现了其主观能动性、创造性，这是大学人格教育中培养的重点。与此同时，大学人格教育中还需要注重培养大学生的社会发展性。大学生始终离不开社会，其必然处于一定的社会关系之中。社会中形形色色的人以及变化莫测的环境对大学生或多或少地产生影响，尽管大学生人格具有一定的先天性，但是后天环境的影响力也是不容小觑。大学生的学习生活都是处在社会和集体中的，而且在毕业踏上社会之后，面临的社会环境更加复杂。因此，健康人格的培养不能仅仅关注大学生的生活，而应多注重学生的利他性、服从性、自觉性等方面的培养。

---

① 李辛培. 当代大学生健康人格培养研究 [D]. 青岛：中国海洋大学，2014：21.

（三）发挥高校主导作用与提高教师水平相结合

健康人格的形成受遗传和环境的影响，环境因素包括社会、学校、家庭，其中学校是主导。正确的学校教育会促进人格中积极方面的形成，在大学生健康人格的培养中，高校是主阵地。学校应该创造和谐的育人环境，加强校园文化建设，提供社会实践的条件，使学生在健康、和谐、宽松的环境中发展。教师也要转变教学观念，重视人格教育。传统的大学人格教育停留在思想政治课以及心理课之中，这种教育观点有待提高，任何一门课程均具有培养大学生健康人格的责任。大学生教育是双方互动的过程，心理素质过硬以及人格高尚的教师能够更好地引导大学生培养健康人格。因此，教师需要学习并掌握一定的心理健康知识，保持身心健康以及人格高尚，尤其是处于情绪低落期时，运用心理知识控制自身情绪，并避免将不良情绪带到课堂中去，不能将学生作为自身压力发泄的对象。

（四）培养大学生健康的个性

为能够培养自尊、自强以及自信的人格，大学生需要提高自身意志力和自制力，通过自我调控能力的不断提高从而克服生活中可能存在的困扰，最终形成自尊、自强以及自信的人格。人生中必然会存在一定的挫折和困扰，大学生心理以及生理尚不成熟，其生活中的困扰更多，如恋爱问题、学习成绩问题、同学关系问题、就业问题等，这些问题均对大学生的自我调控能力加以挑战，破坏其正常的生活以及学习规律。面对各种问题，就必须不断提高自身的意志力，保持较强的自我调控能力，正确树立世界观、人生观与价值观。通过自尊、自强以及自信的人格消除大学生活以及学习中遇到的种种问题，在青春路上砥砺前行。

（五）推进整体工作与实现个体进步相结合

人格是社会个体之间最显著的特征，同时人格也是相对较难培养的。大学生处于青春期，其人格培养处于最佳状态。大学教育应当通过循序渐进的过程对其加以塑造，保证其优良性。特别注意的是，大学人格教育要以大学生生活发展现状为依据。高校教学中强调一视同仁，需要侧重因材施教，不同学生的道德层次并不相同，从系统性层次的角度出发就是要将不同道德层次的学生区分，针对性指导和教学，效率最大化提高大学生人格境界。教育要侧重三点：第一，教学循须序渐进，从最基础的部分出发，一步步引导，由表入里，由浅入深；第二，重复教育，通过周期性循环的方式强化大学生人格健康，保证教育方式的一贯性；第三是注重系统性，从全局出发，系统分配。

四、大学生人格健康的培养策略

（一）自我教育的培养策略

大学生人格健康的培养应该以自我教育为重点，积极发挥大学生人格构建的主观能动性。大学生健康人格是教育培养的对象，也是社会发展的基本需求。人格培养应该在社会发展的进程中，注重提高大学生自身素质，重视实践活动，提高自我人格构建的能力。

1. 积极构建健康人格

当代高校大学生健康人格构建的自我教育中要注重两个方面：第一，全面而完善的认识自身。大学生需对自身进行确切的评价，掌握自身所拥有的优势，认清自身所存在的不足，既不能将自身优势与他人不足相比而骄横自大，也不能将自身不足与他人优势相比较而妄自菲薄。每个人需要在大学中寻找自身的位置，切实有效的制定合理的目标，树立自尊、自强以及自信的人格，不断向自身的目标奋斗。第二，不断发展和完善自我。每个人从内心深处都渴望强大，这是一种最基本的内在需求，也是心理品质提高的需要。自信、自尊以及自强的人所拥有的内在需求极其强大，把握人生中每一个能够发展的机会，并通过各种各样的方式提高自身的能力。人的内在发展和提高的方式有很多种，如阅读书籍，通过吸取书籍中的知识以及养分提高自身素质；不断完善自身人格以及培养个性等。不同种方式所获得的发展以及提高，均有助于自信、自强以及自尊人格的形成。

2. 积极参加实践活动

学生所处的社会环境、文化环境和具体现实生活环境对学生的道德和价值观的培养具有积极的作用，用生命来实践教育现场评估，有助于了解在思想政治教育中是否取得了预期的效果。学会做人是每一个学生的首要任务，教育为社会能够培养出适应性人才。因此，大学生在学习中应该努力克服重理论、轻实践的倾向，注重自我人格构建在实践中的应用，才能融入社会、适应社会。大学生应结合自身特点，正确认识和对待社会现实问题，在比较中提高鉴别能力。教师也应敏锐捕捉参加社会实践后学生思想的闪光点，及时肯定和鼓励，引导他们进行健康人格的积极构建。大学生应该坚持以教育为宗旨的多样性发展，集利益、意识形态、知识于一体的健康人格教育活动，从而使自身增长知识、陶冶情操，这能够丰富校园文化生活，达到育人的目的。在文化多元化的背景下，充分利用学校资源，学校可以邀请有影响力的专家、教授，开设历史、哲学、古典文学、音乐、艺术等方面的系列讲座，开展形式多样、质量高、健康、高品位的校园文化活动。在丰富的校园文化活动中，实现持续教育，将自我人格教育处处渗透，形成健康的人格。

（二）家庭教育的培养策略

人自出生以来就具有一定的人格倾向，其随着时间的推移而潜移默化地变化着。家庭作为人生的起点，是每个人人格以及情感培养的重要源泉。父母具有抚养以及教育子女的责任和义务，也是每个人的启蒙导师，对于孩子的影响较为重大。大部分人在家庭之中就已经获取社会准则以及规范知识。健康的家庭环境能够帮助孩子塑造健康的人格以及良好的心理素质，其重要性不言而喻，营造健康家庭环境中需要注重以下几方面。

1. 全家积极参加各项活动

父亲和母亲都要参与到孩子的教育和养育当中。父母应积极鼓励孩子参与到家庭活动之中，包括做家务、体育运动、娱乐活动等全家总动员活动，通过活动培养家庭之间的默契，丰富孩子社会经验，并以此促进孩子对父母的信任，建立良好的亲子关系。

2. 形成科学的教育理念

社会在不断发展之中，这就对社会中的每一个人提出了更高的要求。为保证子女在日后的社会竞争具有更多的优势，部分父母不断提高对子女的期望。一些父母片面强调子女学习成绩，而不注重正确的引导方式，影响了子女正常发展方向。父母在家庭教育之中要保持科学合理的方式，要将目光放长远，从多个角度培养子女。大学生年龄的增加导致其人格日益完善，思想观念也发生较大变化，此时家长应当根据子女发展状况，和子女之间进行有效的交流并运用自身经验对其加以引导，使子女完善其自尊、自强以及自信的人格，从而正确迎接生活和学习。

3. 采取民主型的教育方式

家庭是每个人教育的摇篮，父母教育方式对子女的影响重大，不同的教育方式将使子女形成不同的性格。教育方式可以划分为三种：第一，权威型教育方式，在这种教育方式下，父母对子女起到支配性作用，完全左右子女兴趣爱好等，子女人格通常体现为消极、被动、依赖等；第二，放纵型教育方式，父母对于子女有求必应，放纵其一切行为，使得子女能够依据其性格任意发展，子女人格通常呈现为两种，一种是自由、奔放、狂野，另一种就是自私、自傲以及任性；第三，民主型教育方式，父母积极营造一种健康和谐的家庭氛围，尊重并理解子女思想，引导其朝着乐观、积极、健康的人格方向发展，这种教育方式能够帮助子女培养自尊、自强以及自信的人格。

（三）学校教育的培养策略

高校是思想、文化高度集中的场所，其对于人格培养意义重大。尽管如此，高校大学生人格培养还需要联合不同机构共同完成，积极将家庭、社区等融合到高校大学生人格培养之中，保证人格培养的时效性，使当代大学生真正成为社会中的有理想、有道德、有文化、有纪律的青年。作为文化与知识交流的中心，高校已经普及互联网，信息技术已经成为大学生活不可或缺的一部分，是学生们获取知识、分享信息的重要工具。目前较为普遍的培养策略就是构建校内网站并大力宣传，不断更新网站中的信息和内容，使其能够与大学生生活以及学习相贴近，在解决大学生生活、学习以及情感问题的同时积极引导大学生培养自尊、自强以及自信的健康人格。

1. 发挥高校课堂的主渠道作用

高校的思想政治教育理论课是对大学生进行世界观、人生观、价值观教育的主阵地，在全面提高大学生政治素养的同时，能对健康人格的塑造起着主渠道作用。为了发挥思想政治理论课的主渠道作用，高校应该从根本上重视起来。提高教师的业务水平，每年都应为教师提供进修机会，保证一定的资金用于考察、学习；保证一定的师生比，按照专任教师不低于1∶（350～400）的比例配备，而且课堂人数一般不能超过100人，鼓励小班教学；改进教学手段，改革教学内容，贴近学生、贴近现实、贴近生活，将理论与近期热点问题联系起来。只有将思想政治教育理论课的课堂活起来，才能真正发挥其对健康人格塑造的主渠道作用。

高校可以针对不同年级、不同思想道德层次的同学开设相应的选修课程，如"青少年心理健康""人格健康学""大学生心理和生理学"等；定期举办心理问题相关的讲座和交流会，邀请社会中的心理专家作报告，并为大学生讲解生活和学习中健康心理；大力建设心理健康咨询室，在高校之内设立心理健康室为大学生解决生活中遇到的难题和困惑，并辅助其培养健康的人格；针对毕业生举办与社会生存相关的报告和讲座，使高校毕业生能够在学生和工作者这两种身份转换中保持正确的心态。学校开展的各类活动均有明确的目标，针对性较强，能够切实有效地帮助高校大学生塑造健康人格。

2. 发挥教师的示范带头作用

教育是双方互动的过程，在高校人格培养教育中，教师发挥着无可替代的作用。大学生处于青春期，总是寻求一个人生目标加以实现，通常情况下都会将教师作为榜样，在学习过程中潜移默化地受到教师的影响。因此，高校教师应当是道德高尚且心理健康的人，能够保证学生形成健康人格。

教师要能够正确处理师生之间的关系。教育之中，教师与学生之间应当保持一种平等关系，尊重学生的想法并引导其往正确的方向发展，避免出现权威型教育方式；教师要做到一视同仁，对每个学生都给予相同的关心，通过没有任何杂质的关爱引导学生培养健康的人格。教师在教学过程中不能够仅仅停留在书本知识教育之中，还需要深入到学生宿舍、家庭之中，准确了解学生的学生以及生活情况，从而有针对性的引导并教育学生。尤其当学生处于叛逆期或者生活和学习中出现问题和困惑时，教师需要更加贴心地关注和引导学生，使其能够积极调整心理情绪并积极解决自身问题。

3. 加强校园文化环境建设

积极向上的校园文化建设需要从校内最基本的报告栏、橱窗、道路名称、建筑名称等做起，保证最基础的校园设施具有一定的教育作用。除此之外，不断建立健全校园规章制度，美化校园环境。积极开展"寝室文化""食堂文化"相关活动，鼓励大学生参加到社团活动之中，促进学生之间的交流。通过校园广播积极宣传心理以及生理健康的相关知识，解决学生学习以及生活中可能遇到的问题和困惑。大量发行校园杂志以及期刊，通过学生投稿充分反映出学生普遍遇到的心理和生理问题，并在杂志和期刊中呈现相应问题的合理解决方式，报刊中的心理知识能够有效地帮助学生解决生活和学习中的问题，引导学生形成自尊、自强以及自信的健康人格。

（四）社会教育的培养策略

社会是当代大学生健康人格塑造的重要因素。和谐社会的构建需要社会中每个成员拥有和谐人格，并为和谐人格的形成制定相应的规章制度。与此同时，为保证和谐社会的构建，也需要关注当代大学生的人格发展状况。开放的社会环境能够有效地促进大学生健康人格的养成，开放的社会环境保证大学生思维环境的自由，有助于大学生更加深入地认识和了解社会；发展完善的社会能够为大学生提供较好的物质基础，使其在更高的层面上培养健康人格。社会文化能够刺激大学生的求知欲以及竞争意识，在充分运用开放社会环境中的优势资源时，也需要认识其中存在的负面影响，不断完善社会环境，为大学生健康人格的培养提供更好的环境。

当前对大学生生活、学习以及情感影响最大的因素就是互联网。为能够有效消除互联网所对应的负面影响，需要积极制定各项保护措施维护大学生心理健康，使大学生养成自尊、自强以及自信的健康人格。首先，提高大学生对于网络危害性的认识，使其树立正确的网络道德观。网络的时代就是信息的时代，大学生通过网络可以获取形形色色的信息，其中有优质信息也有不良信息。由于大学生心理以及生理尚不成熟，社会经验有限，不能够科学合理的运用网络。因此，应当积极引导大学生提高对网络信息的分辨能力。其次，加强网络文化建设，建立健全网络相关的法律法规。网络的蔓延速度惊人，不仅仅对大学生思维方式、价值观念造成重大影响，也对社会中各个阶层起到一定作用。因此，应当强化网络文化建设，建立健全网络相关法律法规。针对网站建设者制定法律，严厉打击虚假信息和不良信息发布者，优化网络环境，通过营造健康的网络文化环境使大学生拥有健康的人格。

在法制化社会的进程中，也需要社会文化管理机构积极发挥作用，如监督职能、惩戒职能、引导职能、教育职能等。大力宣传积极健康的文化，打击不良文化的传播者，并对社会文化传播加以监督和管理。积极引导社会学者对社会文化、社会文化传播方式加以研究。形成良好的社会文化才是大学生健康人格养成的基础。

第三节　大学生心理健康的自我完善

自我意识作为人类所特有的一种复杂的心理现象，是个体意识发展的最高阶段。个体正是通过自我意识来认识自己、激励自己、控制自己，与环境保持平衡的。大学生正处在自我意识发展的特殊阶段，自我意识的发展直接影响着大学生人格的形成，自我意识的完善程度标志着心理成熟的水平。

一、大学生自我意识的发展

人的自我意识是在社会生活中通过与别人的相互交往而逐渐形成的，健康的自我意识是大学生全面发展的重要途径，也是其良好心理素质的具体反映。大学生的自我意识正处在发展与成熟的关键时期，自我意识的形成受到来自自身和社会的影响。大学生的心理也常常因为自我意识状态的改变而发生着不同程度的变化。因此，帮助大学生形成正确的自我意识，对其心理健康的发展有着极其重要的意义。

（一）影响大学生自我意识的因素

大学生自我意识在发展过程中常会出现一系列问题，给自身的成长与发展带来诸多影响。影响大学生自我意识的因素主要包含以下几方面，如图 3-2 所示。

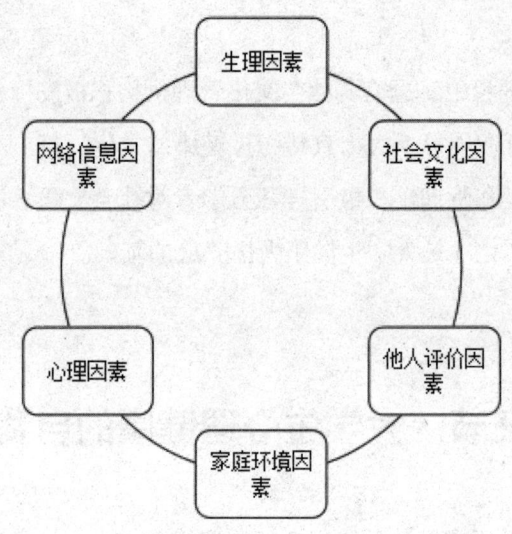

图 3-2　影响大学生自我意识的因素

1. 生理因素

生理的变化影响着大学生对自己的看法和自我观念，他们常把自身形象与同龄人比较，从而形成自我概念。身体形象不仅关系到大学生自身给别人的印象，而且关系到他们对自己是接纳还是拒绝，关系到大学生的人际交往、生活、学习的安全感和幸福感。如果对自己的体格、体态和容貌满意，则接纳自己，对自己有积极的评价；否则就拒绝自己，对自己产生消极的评价。此外，大学生对自己身体形象所采取的态度对他们的自我评价影响很大，如有的学生觉得自己太胖，不愿参加文体活动；有的学生觉得自己长得太丑，不愿与同学交往，这些都是生理因素对自我意识的影响。

2. 社会文化因素

文化指使个体所具有的共同观念、习俗、信仰和知识体系，也被视为一种习惯化的生活方式。文化是自我形成的生活背景，不同的文化背景对个体自我的影响不同，如价值观和规范确定的严密的文化易形成个人的集体自我和社会自我，而多元价值观和较少规范性的松散文化则有利于个人自我的形成。不同的文化价值取向必然影响到个人价值取向，它也作用于自我意识。此外，文化复杂性也与自我发展有关，文化越复杂，个人的同一性越混乱；在个人价值取向的文化中，个体的自我监控水平更高，同质文化比异质文化更可能助长个体的集体自我的发展。

3. 他人评价因素

一个人对自己的认知评价，很大程度上受他人对自己评价的影响。他人的评价是客观认识自己的一面镜子，通过别人对自己的评价，知道自己在别人心目中的地位和形象，可以帮助个体了解自我。大学生可以通过各种途径来获得周围的同学、老师、辅导员及与之有联系的各种社会群体对自己的评价，通过从不同的社会群体这个多面镜中观察自己、认识自己，反映出自我的每一种状态。但是大学生要正确地面对，他人的评价，既不能忽视他人对自己的评价，也不能完全听任于他人对自己的评价。对于他人对自己的评价，要加上自己的分析进行再加工，才能接受。日常生活中，别人对自己的评价与自我评价一般会有矛盾或不一致的地方，这是难免的，大学生应该尽量使两者趋于一致。

4. 家庭环境因素

家庭环境对人的一生发展会产生重要的影响。一个人的早期经验对他的自我意识的形成有着非常重要的意义，父母的教育对于子女的人生观、世界观、价值观等方面起着至关重要的作用。父母的影响无论是积极的或消极的，都会影响大学生自我意识的形成。例如，家长对子女态度温和，经常鼓励子女，子女则会有更积极的自我评价；反之，家长对子女喜怒无常，爱憎过分，使子女无所适从，自尊心较差。随着独生子女家庭的增多，出现了越来越多的溺爱的家庭教养类型，这些家长的过分保护、过分顺从，使孩子过分依赖，容易养成自私、狭隘、娇气等不良习性。此外，社会经济地位高的家庭，子女容易产生优越感；而家庭成员社会地位的急剧变化，容易使自我意识的发展出现混乱。

5. 心理因素

大学生的心理正处于由不成熟逐渐向成熟阶段发展的时期，尚未完全成熟的心理使一些难以克服的心理和人格弱点成为影响他们自我意识完善的一个因素。大学生有限的认识水平对自我意识有很大的影响，这主要表现在思维缺乏客观性、全面性，因而他们往往自我认识狭隘，造成自我评价过高，目空一切；或自我评价过低、妄自菲薄等。大学生自我期望值高，勇于进取和创新，但由于心理承受能力不够，对挫折的承受能力不足，一旦遇到失败，往往不能正确认识，自我意识的防线脆弱，易产生自我否定的心理现象，将个人的失败归于运气、机遇等不可控的外在客观因素的大学生，会趋于自我保护和防御，缺乏正视现实和挫折的勇气，不利于自我认识和反省；将个人失败归于自身能力、水平等自身内在因素的大学生，容易失去自信、自尊，导致自我萎缩等心理现象的产生。

6. 网络信息因素

随着科学技术的发展，大众传播手段越来越丰富。目前计算机的应用已经相当普及，越来越多的人通过计算机网络来交流信息。如今的大学生不仅受到教师、家庭、电视、电影等单向传播的影响，而且受到电脑互联网交流信息的影响。那些在真实生活中无法与人交流的大学生，网络对于他们的意义就更为深刻，他们可以通过网络宣泄自己的不良情绪，可以毫无顾忌地与陌生人交流，从这一点而言，网络有着不可替代的积极作用。当大学生将自己置身于网络面前的时候，他们自如地操作电脑查阅信息、处理邮件、发布信息以及网上聊天等，一切都在自己的掌控之中，发挥着自己的主动性和创造性。通过网络信息交流，大学生的独立分析问题、解决问题的能力得到了极大程度的提升，自我意识在这个过程中也得到了发展。

大学生在自我意识发展过程中出现的困扰，是其心理发展还不成熟的表现，是由种种原因决定的，这些因素既可以促进大学生心理迅速成熟，也可能成为自我健康发展的阻力。因此，需要重视、引导和调适，只有这样，才能促进大学生心理的发展和成熟，达到自我的统一和发展。

（二）大学生自我意识发展的特征

1. 自我认知发展的特征

（1）关注个人的发展。大学生在生理发育上已具备了成人的特点，心理成熟和社会成熟也达到较高水平。随着成人与社会对他们要求的转变，大学生通过对自我的认识、体验、控制、调节，使自我意识进一步发展。这时，大学生特别关注自己的发展，关心自己的社会价值，自己的品质和才能以及自己对他人、对社会的影响力。在这一时期，多数大学生围绕个人发展、理想实现、前途命运等进行着积极主动的自我探索，不少大学生能自觉地把自我的命运和集体、国家的命运结合起来，从社会需要的角度思考个人的价值和发展，这样的大学生能够不断拓展眼界，开阔胸怀，使人生之路越走越宽。

（2）主动积极地认识自我。大学生经常围绕个人发展以及个人和社会的关系，积极主动地探索自我，思考一些涉及自我的问题，这种思考和期待会体现在现实的行动中，具有主动性和自觉性，具体表现为大学生经常自觉地参照周围的老师和同学对自己的评价进行自我评价，设想自己的发展或进行自我设计。

（3）自我评价趋于客观。随着自己知识的不断丰富、经验的不断积累，大学生对自我的评价也渐趋客观。大学生通过对自己进行分析评价，客观地认识现实自我，找到自我的优势，发现自我的不足，扬长避短，使现实自我趋向于理想自我。大学生理想自我与现实自我之间的相关性比较高，使其自我评价与他人的评价结果基本一致。由此可见，大学生的自我评价比较符合自己的实际情况，自我评价的客观性有了明显的发展。大多数大学生对自己的分析、评价逐渐变得客观、全面。但是，大学生自我评价又有不平衡性、多样化和不成熟性等特点。在大学生中也存在着自我评价的偏差，他们要么高估自我，有着很强的优越感、自尊心和自信心；要么低估自我，这是因为自我期望水平偏高，引起对现实的不满，容易积累一定的挫折感，产生过强的自尊心等，低估自我，只能使自己想躲藏起来，不敢向前进取。

2. 自我体验发展的特征

大学阶段是个体一生中最善感的年龄阶段，多数大学生喜欢自己，满意自己，独立、自信、好胜，其自我体验发展的特征主要表现在以下几方面。

（1）自我体验丰富而复杂。大学生的自我体验是既丰富又复杂，大学多彩的学习生活为他们发展自我体验的丰富性提供了有利条件。随着自我认识的发展，大学生意识到自身的成长而产生成人感；意识到自己是一名当代的大学生，产生义务感及爱国主义和集体主义的体验；意识到自己的能力和品德状况，从而产生自豪或自卑的体验。他们能比较准确地表达自己的喜怒哀乐，对于生活中自己的心理状态是轻松的还是紧张焦虑的，他们都有着深刻的自我体验。大学生自我体验的情感基调是热情、自信、憧憬、愉快、紧张、急躁等，其中男生比女生更自信，更有活力，但更急躁；女生比男生更热情，要求成功的愿望更迫切，容易多愁善感，情绪波动较大。总而言之，大多数大学生喜欢自己、满意自己，自尊、自信、好胜。

（2）自我体验敏感而波动。随着自我认识的发展，大学生对于外部世界和自己内心世界的许多方面都比较敏感，尤其是与他们相关的事物，很容易迅速引起他们情绪情感上的反应。大学生开始重视自己在集体中的地位和威信，对他人的言行和态度十分敏感，对涉及自己名誉、地位、前途、理想及异性交往等方面的问题，更易引起强烈的自我情绪体验。但大学生自我体验的敏感之中又带有情境性，可能因一时的胜利而产生积极的、愉快的情感体验，甚至骄傲自满、忘乎所以；也可能因一时的挫折而低估自我，从而丧失自信，灰心丧气甚至悲观失望。大学生自我体验的波动性是正常现象，关键是应该正确对待。

（3）自我体验内隐而不稳定。大学生的心理活动具有某种含蓄、内隐的特点，心理活动开始指向自己的内心世界，逐渐失去了儿童期的外露、直爽、天真、单纯。大学阶段，大学生有了自己的秘密，希望有属于自己的空间，不愿把内心世界轻易向人敞开，会有意无意地掩盖自己的缺点和短处。但此时的大学生，内心却强烈地渴望与人交往，不但希望交往的范围扩大，也希望交往的程度加深，希望能与自己的朋友敞开心扉进行交流。大学生的自我体验还表现出不稳定性，特别是大学一年级的学生，常感到对自己无法进行确认，不清楚自己究竟是一个怎样的人，一般到了大三、大四年级，大学生才形成了比较稳定的自我体验。

3. 自我控制能力发展的特征

（1）自我控制的自觉性增强。大学生自我控制的能力有很大提高，自觉性、独立性等都有显著发展，主要反映在大学生具有强烈的自我设计和自我规划的愿望，希望根据自我设计的目标自觉调节行为。大部分大学生都奋发向上、力争成才，并且根据自我设计目标自觉调节行为，力图摆脱社会传统的束缚，按照自己的意愿行事；他们也能够自觉地根据社会的要求来调节自己不合实际的目标和动机。例如，因社会的期望和就业的需要，大学生能对自己的目标进行及时调整，在掌握好专业知识的同时，注意提高外语水平和计算机水平，积极地参加各种社会公益和集体活动，注重各种能力的培养，以便使自己能更好、更快地适应社会。

（2）自我控制的独立性提高。大学生的自我设计表现出很大的独立性，他们强烈地期望摆脱幼稚和对成人的依赖，希望通过自己的言论、行动，运用自己的双手和智慧，去实现自我的设计，向师长显示他们已经成。强烈的独立愿望使大学生的行为带有明显的反抗性，即有意识地做那些成人或社会所不期望他们做的事情面对大学生的反抗倾向，教育者应客观分析，正确对待。首先，分清哪些是由于大学生生理和心理的发展、独立性的发展，未得到应有的理解、信任、承认和尊重所引起的，哪些是由于他们认识水平不高和心理发展不成熟的过激言论或行为引起的；其次，根据具体情况，或表扬、鼓励，发展其独立性，或动之以情，或导之以行，加强行为训练。总而言之，只有正确地分析、科学地引导，才能全面提高大学生的自我控制能力。

（三）大学生自我意识完善的途径

1. 全面认识自我

如果一个人能对自我存在全面、正确的认识和评价，就能扬长避短，控制自己、改变自己，就能根据自己的实际情况，选择相宜的目标为之奋斗。正确地认识自我是建立良好自我意识的基础，一般而言，认识自我的途径通常有以下几方面。

（1）通过分析他人的评价来认识自己。大学生的自我认识在很大程度上受他人评价和态度的影响，他人的评价对于大学生的自我认识与评价起着重要的作用。大学生要对自我有全面的认识，就要正确地分析不同时期、不同的人对自己的评价，如同学的评价、教师和辅导员的评价、父母的评价等。虽然大学生在接受这些评价时会考虑到评价者的特点，但是这些评价会直接或间接地对大学生的自我评价产生影响。因此，如果大学生能够在同学之间、师生之间、家庭成员之间获得必要的、客观的、正确的对自己的评价，并综合地分析各种人对自己的评价，将有助于自我认识能力的提高，有助于促进自我意识的健康发展。

（2）通过比较来认识自己。人是生活在相互比较的感觉中的。大学生的自我认识还依赖于自己与他人的比较，大学生将自己同其他大学生相比，可以了解到自己在这个群体中的位置；通过与他人的比较，能够认清自己的优势和劣势，找出问题所在，进而通过不懈的努力去接近或超越他们。只有在与他人的比较过程中，才能认识到自己的不足、优势、目标是否恰当等，比较也是提高大学生自尊和自信的重要方法。大学生除了要与他人进行横向比较之外，更为重要的是要学会纵向比较，也就是自己与自己比较，将现在的我与过去的我进行比较而确立自我的位置，从而形成对自我较为客观的认识，这是因为个体的自我评价不仅取决于他的成就，而且取决于他的抱负水平。

（3）通过不断的自我反省来认识自己。大学生的自我评价并不完全取决于他人对自己的评价，很多时候需要进行自我分析，也就是利用内省的方法来认识自己。内省的方法是大学生进行自我认识的直接途径，没有自我反省就无从实现自我完善。大学生已经具备了自我反省的能力和自我批判的精神，应该经常反思自己的言语和行为。在反省的过程中，要不断地自我批评，不断地自我完善。通过反省、分析自己胜利或失败的原因，对自己作客观的分析，严于解剖自己，敢于批评自己，以调整自我评价。大学生的自我反省一般是通过自己的活动表现和成果来评价自我的能力与品质，进而对自我进行认识和评价。通过活动成果分析自我时，要有正确的归因方式，当成果的时候，多归因于自己的内在特质，能力强；当失败的时候，多归因于自己努力程度不够、难度太大，这样有利于自我价值的保护，从而正确定位自我，提高自我认识，作为自我调控的出发点。

2. 正确悦纳自我

悦纳自我就是对自己持肯定、认可的态度，悦纳自我是自我体验的关键和核心。每个人都是独特的，各有长处和短处，大学生既要学会欣赏自己的长处，也要接纳自己的不足，做一个真实的自我。具体而言，积极悦纳自我要做到以下几方面。

（1）接纳完整的自己。每个人身上都难免存在一些不完美的地方，大学生要能正确认识自己，对自己充满信心，有价值感、自豪感、愉快感和满足感；应该实事求是地承认自己的价值，相信每个人身上都有闪光之处，潜藏着巨大的潜能。大学生要维护自己的自尊心，调动自己的积极因素，发掘自己的潜能。

（2）保持积极的心态。大学生要性情开朗，对生活乐观，对未来充满憧憬。一个人的心态很重要，因为它可以改变命运。大学生不管处于怎样的境地，都不要迷失自己，而是要保持清醒的头脑，拥有一个良好的心态。大学生经常面临着各种生活、学习压力，经常遇到各种挫折和冲突，而经常保持一种充实、愉悦的心境对于消除不愉快的情绪体验，保持心理平衡，具有不可低估的作用。保持乐观的心态和开朗的性情，就能面对现实、正视现实中的自我，从而采取积极有效的态度去面对现实中的各种挫折。

（3）扩大交往的范围。积极的人际交往有助于大学生获取正确的自我概念与建立健康的自我形象。大学生应该扩大人际交往的范围，多接触一些人和事，使自己的生活更加充实。在交往中，由于热情与爱心使得自己容易被他人所接纳，而一个被别人接纳的人更容易接纳自己。广交朋友可以使自己有一种归属感，同时也可以拥有一个庞大的社会支持系统。当面临挫折与失败的时候，可以获得更多的社会支持，这样会比较顺利地渡过难关，重塑自我。

3. 有效控制自我

自我控制是人为了实现目标主动改变自己的心理行为过程，有效地控制自我是健全自我意识的根本途径。大学生要做到有效地控制自我，具体包含以下几方面。

（1）确立适宜的目标。大学生要树立合乎实际的抱负水平，确立合适的理想自我。在充分了解自己的基础上，使要求符合自己的目标，符合自己的实际能力，不苛求自己，不被他人的要求左右。大学生在制订目标的时候，要结合现实自我的状态，既不要定位太低，也不要定位太高。大学生的理想自我如果定位太低，当然容易实现，但往往会丧失进取心，缺少成功所带来的满足感，而且会抑制大学生潜能的发挥；而大学生的理想自我如果定位过高，则会因为目标的无法实现而挫伤自己的锐气，削弱自信心，导致焦虑水平的上升。因此，大学生要注意对理想自我进行联系实际的调整，又要不断地对现实自我进行提高、完善，使现实自我逐渐向理想自我靠近。

（2）实现目标要有恒心和信心。任何一个目标的实现，都需要以坚强的毅力作为保障。很多大学生对自我抱有很高的期望，但因为没有足够的自制能力，经受不住挫折和打击，无法实现自我理想。而那些自暴自弃的大学生更是因为无法控制自我的不良情绪，偏离了健全的自我意识轨道。大学生的意志品质仍处在发展过程中，应特别注意增强自我控制的自觉性、主动性，发展坚持性和自制力，增强挫折耐受力，使自己能自觉主动地认清目标，从而为实现目标而努力排除干扰、克服困难。

（3）不断地自我超越。完善自我、超越自我是健全自我意识的最终目标，这不会是一个一帆风顺的过程，它需要付出艰辛的努力。大学生要从实际行动做起，协调个人期望与个人能力的关系。但大学生不能把自己局限在个人价值的实现上，而应该将个人价值与社会价值统一起来，既注重自我又不固守自我，而是根据社会要求不断改造自我，从而使自我意识得到升华。在健全自我意识的过程中，要不断地给自己一些挑战，不断地超越自己。此外，完善自我、超越自我，还可以通过参与社会生活、融入集体、不懈追求与努力、主动地发展自我来进行。

二、大学生自我意识的完善

大学生的自我意识虽然有了很大发展，并逐渐趋向成熟，但其自我意识尚未完善，在发展过程中很容易出现各种矛盾和问题，影响其心理健康成长，而这些矛盾和问题是大学生自我意识发展中的正常现象，是可以进行调节和控制的。

自我意识作为个性心理的核心内容，属心理现象的范畴。一个有健康自我意识的人，第一，应该是一个自我肯定的、自我统合的人；第二，应该是一个自我认识、自我体验、自我监控调节协调一致的人；第三，应该是一个独立的，同时又与外界保持协调的人；第四，应该是一个自我发展的人，且自我具有灵活性的人；第五，应该是一个心理健康的人，不仅自己健康发展，而且能促进周围的人共同进步。

（一）大学生自我意识发展中的矛盾

1. 主观我和客观我的矛盾

自我意识有主观我与客观我之分。主观我用来表示"我是谁"；客观我表示"怎样看待我"等。自我认识是主观我对客观我的认知和评价，主观我是一个人对社会情境作出的反应，是自我中积极主动的一面：主观我与客观我应该是统一的，这种统一是个人对客体的认识与个人愿望的统一，是个人与社会的统一，是自我统一性的形成，更是良好的自我意识的标志。但是，由于自我的结构是多种多样的，每个人所处的社会环境存在着很大的差异，所以主观我与客观我并不是完全统一的。

2. 理想我和现实我的矛盾

理想我与现实我的矛盾是大学生自我意识矛盾最突出、最集中的表现。理想我是指个人想要达到的完美形象，是个人追求的目标，它引导个体实现理想中的个人自我；现实我是个人从自己的立场出发，对现实中自我的各种特征的认识。大学生有抱负、有理想、有追求，心中承载着无数梦想，成就动机强烈，然而，由于他们的生活范围相对狭窄，社会交往比较单一，缺乏社会阅历，对自我认识的参照点较少，不能很好地将理想与现实结合起来，从而使理想我与现实我之间产生较大差距。在现实生活中，理想我与现实我二者之间存在一定差距是正常的，合理的差距能够激发大学生奋发进取的积极性，使人不断进步、奋发有为。但是，如果差距过大，则会给大学生带来苦恼和不满，有可能引起自我意识的分裂，导致一系列心理问题。

自我意识的这一矛盾冲突，一方面会使大学生感到焦虑、痛苦不安，可能影响他们的心理发展和心理健康；另一方面也会促使他们设法解决矛盾，来实现理想我与现实我的统一。但是，由于个人的社会背景、生活经验、智力水平、追求目标等方面的差异，自我意识的统一也会出现个别差异。

3. 独立意向和依赖心理的矛盾

大学生生理与心理的成熟使他们渴望独立，尤其是在离开父母之后，大学生有了更多的自主空间，更加希望能在经济、生活、学习、思想等方面独立，渴望以独立的个体面对生活、学习中遇到的问题，以证明自己已经长大；希望自立自强，成为一个有独立见解、能决定自己命运的人，表现出反抗权威，不愿意遵循传统，总想标新立异。但由于长期的校园生活使大学生的社会阅历与经验相对缺乏，在心理上又对父母、朋友存在深深的依赖，特别是遇到困难和挫折时，这种依赖就表现得更为明显。对于独生子女而言，由于长期受到父母的溺爱与保护，这种独立意向与依赖心理的矛盾表现得更加突出。

不成熟的独立性与依赖性相互纠缠，便构成了大学生自我意识矛盾的主要根源。过分地依赖使大学生缺乏对问题的分析、判断与决策能力，显得优柔寡断，缺乏主见；而过分的独立又使部分学生陷入万事不求人的偏执状态，采取我行我素、孤傲自立的行为方式，但在遭遇挫折时又会出现不知如何寻求帮助的情况。大学生心理上的独立与经济上的不独立也形成了明显的反差，在他们迫切希望摆脱约束、追求自立的同时，却又不可能真正摆脱家长、老师的支持和帮助。希望独立，又无法摆脱依赖，这种独立意向与依赖心理的矛盾一直困扰着大学生。

4. 渴望交往和自我闭锁的矛盾

人都有获得别人关怀、理解与爱的需要，处于青年期的大学生，这种获得爱与理解的需要更为强烈。每个大学生都渴望着爱与友谊，渴望着交往与分享，渴望着自我价值得到实现，渴望着探讨人生的真谛，寻找人生的知己，希望成为群体中受尊敬与欢迎的人。然而，或出于自我保护的需要，或其他一些因素的影响，大学生在与他人交往时存有较强的戒备心理，总是有意无意地保持一定距离。许多大学生往往不愿主动敞开心扉，而把心灵深藏起来，感到没有人理解自己，缺乏知音，在公开场合很少发表个人的真实意见。正是这种矛盾困扰，使不少大学生常处于孤独感的煎熬中。

渴望爱与理解而又得不到的矛盾，促使大学生追求真诚而又纯洁的友谊，并产生了对爱情的渴望，希望找到一个带来温馨的爱与理解的异性朋友，这是大学生恋爱的一个重要原因。此外，由于缺乏交流的技巧或是缺乏交流的安全感，大学生宁愿把自己的内心状态托付给不曾谋面的陌生人，也不愿意在身边的同学中求得沟通与理解，他们认为网络世界虽然是虚拟的，但不用担心会受到伤害，可以畅所欲言，至少是安全的，这也是大学生热衷上网聊天的原因。

（二）大学生常见自我意识问题及完善

大学生自我意识尚未完全成熟，在发展过程中容易出现各种问题，给自身的成长与发展带来诸多负面的影响，影响大学生的身心健康。大学生自我意识发展中常见的问题主要有以下几方面。

1. 自我接受与自我拒绝

自我接受是指自己认可自己，肯定自己的价值，对自己的才能和局限及长处和短处都能客观评价、坦然接受，不会过多地抱怨和谴责自己。对自我的合理接受是心理健康的表现，但过度自我接受就是过高地估计自我，对自己的肯定评价往往有过之而无不及，甚至把缺点也视为长处。过度自我接受的人容易产生盲目乐观情绪，自以为是，不易处理好人际关系，而且过高评价自我会滋生骄傲，对自己提出过高要求。

自我拒绝是指不喜欢自己，不能容忍自己的缺点和弱点，否定、抱怨、指责自己。过度自我拒绝表现为多方面的自我否定。事实上，许多大学生都有不同程度的自我拒绝，这可以促使他们不断修正自己，趋于完善。但过度自我拒绝的人看不到自己的价值，只看到或夸大自己的不足，感到哪一方面都不如他人，处处低人一等，丧失信心，严重的还可能由自我否定发展为自我厌恶。过度的自我拒绝会压抑人的积极性，限制对生活的憧憬和追求，易引起严重的情感损伤和内心冲突。

应对大学生过度的自我接受和过度的自我拒绝的方法是：首先，树立正确的认知观念，每个人都有优缺点，一个人应该接纳自己，不自以为是；其次，确立合理的评价参照体系和立足点，人的价值本来是相对的，只有在相互比照之下，方能定出高低优劣，自我评价以其不同的方式（适当的、过高的、过低的）可以激发或者压抑人的积极性。因此，大学生应该选择合适的标准，更重要的是以自己为标准，按照自己的条件评定自我价值。人应该立足自己的长处，接受并尽力改进自己的缺点和不足，成功时应多反省缺点以再接再厉；失败时则多看到优点和成绩，以提高自信和勇气。最后，培养独立和健康的人格品质，如自信不狂妄、谦虚不自卑等，是合理自我意识的表现。

2. 自我中心与从众心理

大学生强烈地关注着自我，他们从自我的角度和自我的标准去认识、评价事物和他人，并采取行动，很容易出现自我中心倾向。当这种倾向与某些不健康的思想意识和心理特征结合时，就会表现出过分扭曲的自我中心。以自我为中心的人凡事从自我出发，不能设身处地进行客观思考，只关心自己，不顾及他人的感受和需要。他们往往盛气凌人，处事总认为自己对、别人错，喜欢把自己的意志强加于人，因而他们不易赢得他人的好感和信任，人际关系多不和谐，为人处事很难得到他人帮助，容易遭受挫折。

大学生克服过度的自我中心与过度的从众心理的措施是：首先，需要摆正自己的位置，既重视自己也不贬抑他人，自觉地把自己和他人、集体结合起来，走出个人的私有空间；其次，要实事求是、恰如其分地评估自己，既不自高自大，也不妄自菲薄；最后，学会移情，多设身处地地从他人的角度思考问题，尊重他人的感受，关心他人。

从众是一种普遍的心理现象，个体在群体中生活，会不知不觉地遵从群体压力，在知觉、判断、信仰以及行为上放弃自己的主张，趋向于与群体中多数人一致。从众心理人皆有之，但从众心理过强，凡事从众，就会导致独立性差，缺乏个体倾向性的世界观、人生观和价值观。有过强从众心理的大学生，在现实社会中，缺乏主见，丧失自我，无创造性，在大是大非面前往往无法把握自己，甚至迷失方向。

世界上任何人都不可能在任何事上都独立，为所欲为，但个人能主宰自己的思想和观念。大学生要克服过度从众心理，应该独立思考，勇于独立思考、敢于独立思考，坚持自己所认为的正确观念，不受他人影响，保持自己的独立性和个性，这是克服从众心理最基本的，也是最重要的途径。

3. 独立意识与逆反心理

大学生随着独立性的增强，常表现出力图摆脱社会传统的约束，按照自己的意志行事的倾向。独立意识是大学生自我意识发展中最显著的标志之一，然而大学生在摆脱依赖、走向独立的过程中，有时会矫枉过正，表现出过分的独立意向。部分大学生把独立理解成不需要别人的帮助，结果是在现实生活中遇到困难挫折，只能自食苦果，活得沉重、痛苦，其实，独立并不意味着独来独往、我行我素和不顾社会规范，而是指在感情和行为上对自己负全部的责任。一个真正成熟的个体是独立的，他对自己负责，但绝不排除接受他人的帮助。

逆反心理也是大学生自我意识发展的产物，其实质是为了寻求独立，寻求自我肯定，为了保护新发现的正在逐渐形成的但还比较脆弱的自我，抵抗和排除在他们看来压抑自己的那种外在力量。大学生的智力发展虽已达到较高水平，但阅历有限，感性经验不足，易于感情用事，以至于形成偏见，容易出现偏激的行为。持这种心理的大学生往往对师长的教育或周围的正常事务持消极、冷漠、反感甚至抗拒的态度，对正面教育和宣传表现出一种怀疑、不认同的抵制态度，对社会、人生和个人前途显示出玩世不恭的态度。在目的上只是为了反抗而反抗，在行为上越是禁止的东西越感兴趣，越是不让做的事越要做，结果是阻碍了他们的学习和发展，不利于其健康成长。

大学生要克服过分独立意识与过度的逆反心理的应对措施是：首先，正确理解独立的真正含义；其次，掌握好自我的独立性与外界权威规范的关系，使自我既能适应外界的要求，又能保持独立性。

4. 自尊心和自卑感

自尊心、自信心和好奇心、独立感等诸多心理现象都是大学生自我意识发展的主要表现形式。自尊心是要求别人尊重自己的言行和人格，维护一定荣誉和社会地位的一种自我意识倾向。每个大学生都有强烈的自尊心，好强、好胜、不甘落后。自尊心强的大学生对自己有信心，相信自己能克服缺点，取得进步，它不是自大。但过强的自尊心却和骄傲、自大等联系在一起，他们缺乏自我批评，而且不允许别人批评自己，以自我为中心，唯我独尊，这样的人回避或否认自己的缺点，缺乏自知能力，不能与人和谐相处，容易失败，也容易受伤害。

自卑感是个体由于自我认识偏差等原因所形成的自我轻视和自我否定的情绪体验。他们在平时的行为中，担心被别人歧视；或认为自己天资愚钝，将来会无所作为；或认为自己其貌不扬被人歧视等。他们给周围人的印象是悲观失望，缺乏信心，惧怕与人交往，但实际上，在他们的内心深处往往有着强烈的交往欲望。过度自卑的大学生往往夸大自己的缺点、不足和失误，因自卑而心虚胆怯，遇到挑战性的场合立即逃避退缩，不敢正视现实。

过强的自尊心和过度的自卑感都会影响大学生的心理发展和人格成熟。过强的自尊心和过度的自卑感是密切联系互为一体的，那些自尊心表现得越外显、越强烈的人往往越是极度自卑的人。大学生克服过强的自尊心和过度的自卑感的应对措施是：首先，应对其危害有清醒的认识，有勇气和决心改变自己，勇于坚持正确的观点和意见，改正错误的认识；其次，客观、正确、自觉地认识自己，无条件地接受自己，正确地表现自己；最后，调整对自己的期望，确立合理的抱负水平，区分长期目标和近期目标，区分潜能和现实表现。大学生在自我意识发展过程中出现的失误、偏离和缺陷等问题，是其心理还不成熟的表现，这是由其身心发展状况和成长背景决定的，并不是某个人的缺点，而是所有的大学生或多或少都要经历的，是整个年龄阶段的特征，因而是普遍的、正常的。只有认识到这一点，大学生才有可能去面对它，并争取解决它，以达到自我真正的统一和健康。

第四章　大学生心理健康的自我实现

第一节　大学生心理健康自我实现的基础

健康是人类生存极为重要的内容，它对于人类的发展，社会的变革，文化的更新，生活方式的改变，有着决定性的作用。对个体而言，健康快乐的生活，应该是人生追求的首要目标。然而，在物质生活条件改善，医学发达的现代，健康依然是困扰人们的一个大问题，尤其是大学生，身心发展的剧烈变化和社会环境的剧烈变化相叠加，常常陷入迷惘、彷徨、孤独之中，他们如何面对压力和挫折、如何适应环境变化、如何调整情绪、如何处理人际关系、如何确立人生目标等，已经不仅关系到个体的健康成长，还关系到他们家庭的幸福、整个社会的和谐。

一、整体的健康观

（一）健康的标准

随着社会的发展，包含医学技术在内的科学水平不断提高，人类对自身的认识特别是对自身精神世界的认识也逐渐加深，人们终于认识到，健康和疾病是生物、心理、社会因素相互作用的结果。健康不是仅仅身体没有缺陷和疾病，而是身体上、精神上和社会适应上的完好状态，这是对健康较为全面、完整、系统、科学的定义。健康的标准包含以下几方面。

（1）有足够充沛的精力，能从容不迫地应付日常生活和工作压力而不感到过分紧张。

（2）态度积极乐观，勇于承担责任，不论事情大小都不挑剔。

（3）精神饱满，情绪稳定，善于休息，睡眠良好。

（4）自控能力强，能适应外界环境的各种变化。

（5）应变能力强，能够抵抗一般性的感冒和传染病。

（6）体重得当，身体匀称，站立时，头、肩、臀的位置协调。

（7）反应敏锐，眼睛有神。

（8）牙齿清洁，无龋齿，无出血现象，牙龈颜色正常。

（9）头发有光泽，无头屑。

（10）肌肉和皮肤富有弹性，走路轻松自如。

现代意义上的健康，包括了身体健康和心理健康，二者相辅相成，缺一不可。人要做到健康，必须体魄健全，身心健康，这样的健康才算是真正的健康。事实上，没有哪一种疾病纯粹属于身体方面，也没有哪一种疾病纯粹属于心理方面。作为身心健康的人，身体和心理是紧密依存的两个方面。就健康而言，心理健康是身体健康的精神支柱，身体健康又是心理健康的物质基础。良好的情绪状态可以使生理功能处于最佳状态；反之，则会降低或破坏某种身体功能而引起疾病。身体状况的改变也可能带来相应的心理问题，生理上的缺陷、疾病，往往会使人产生烦恼、焦躁、忧虑、抑郁等不良情绪，导致各种不正常的心理状态。

（二）心理健康的状态

心理健康与不健康之间无明确的界限，两者不是分开的，而是相辅相成的。如果把人的心理健康比作白色、心理不健康比作黑色，那么在白色与黑色之间存在着一个巨大的缓冲区域——灰色区域，大多数人散落在这一灰色区域内。灰色区又可以进一步划分为浅灰色区和深灰色区，浅灰色区的人只有心理冲突而无人格变态，其突出表现为由生活矛盾而带来的心理不平衡与心理压抑；深灰色区的人则患有种种异常人格和神经症。浅灰色区与深色区之间无明确界限，并不存在一个区别健康和不健康的临界值。

人的心理健康状态是动态变化的，而非静止不动的。人的心理健康可以从相对健康变成健康，又可以从相对健康变得不那么健康，因此，心理是否健康反映的是某一段时间内的特定状态，而不是固定的和永远如此的。就一般意义而言，心理健康反映人的心理发展水平和调适能力。心理健康的结构包含在以下几方面。

（1）自我接纳。自我接纳通常被认为是心理健康最常见的标准，心理健康的人最重要的特征就是自我认可、自我接纳。人生发展理论也强调人对自我和对过去生活的认可和接纳。因此，对自己持积极的态度是积极的心理健康机能的主要特征。

（2）与他人的积极关系。爱他人与被他人爱作为一种能力成为心理健康的另一主要特征。自我实现者具有很强的同情心、对人类和自然的爱心，并能热爱他人、承认他人，与他人能保持良好关系是成熟的标志。发展阶段理论也强调获得与他人的亲密关系。因此，与他人的积极关系应在心理健康结构中得到反映。

（3）自主性。独立性和自我约束等在许多研究中都被提及，自我实现者显示自主性机能，并对文化产生抵抗；机能充分发挥的人被理解成不以别人的喜好来看问题，而是根据自己的标准做出评价。

（4）环境控制。成熟的人会主动参加一些外界有意义的活动。一些理论强调人有超前于环境，并通过身体或精神活动创造性地改变环境的能力。个体有能力选择和创设适合自身发展的环境，这被定义为心理健康的特征之一。人生的成功在于最大限度地获取环境中的各种机会。

（5）生活目标。人生发展理论指出个体在不同年龄阶段应有不同的生活目标或目的。因此，一个积极生活的人一定是有目标、有目的并有方向感的，所有这一切使人感到生活有意义。

（6）个体成长。个体要不断成长，不断充实，而不满足于获取一种固定的解决问题的方式。自我实现、发挥自身潜能是个人成长观的要旨。人生发展理论非常强调人在各个不同时期所面临的挑战和任务，以及人的不断成长。因此，不断成长和自我实现应是人生发展的最高层次。

（三）亚健康状态

亚健康状态是介于健康与非健康之间的状态，是机体在内外环境不良刺激下引起心理、生理发生异常变化，但尚未达到明显病理性反应的过程。亚健康状态主要表现为：各项身体指标无异常，但与健康的状态相比，生活质量低，学习工作效率低，注意力分散，生活缺乏动力，学习没有目标，有些茫然不知所措，感觉生活没劲；躯体反应为睡眠质量不高，容易疲劳，身体乏力，食欲不振。如果不引起高度重视，极易引发相应的心理问题。

大学生的亚健康状态主要表现为：人生目标茫然，学习目标不明确，学习动力缺乏，生活目标随波逐流，常有无意义感伴随，自卑与自负两极振荡，懒散与退缩，恐惧失败等，这种亚健康状态使得大学生对自我发展的心理预期变得不确定，人际吸引下降而且自我满足感不高，内在潜能不能充分发掘。

学习环境与心理因素（学习求胜心切、精神压力过大、注意力难以集中、神经衰弱、抑郁、烦躁、焦虑、失眠等）是导致亚健康状态的最重要的因素；生活方式因素（饮食、作息时间不规律，气候环境差，缺乏体育锻炼等）是影响健康的主要事件；人际关系差（由于迫切需要人际交往而自尊心较强，压抑自己的情感，自我封闭，感到孤独、忧郁、悲观失望等）是影响健康的重要因素；社会因素（社会的激烈竞争，生活频率的加快以及错综复杂的人际关系，引起多虑、失眠、多梦、头痛，再加上校舍紧张、学生活动空间相对减少、空气污染严重等，容易使人烦躁、心情郁闷）是导致大学生亚健康状态产生的主要原因。

二、有质量的生命

健康的生命是每个人展开自我人生之路的基础。生活质量（Quality of Life，QOL）可以用来评价一个人生活得好不好。"生活质量又被称为生存质量或生命质量，包括客观条件和主观感受两类指标体系，其中的主观感受指标主要测定人们由某些人口条件、人际关系、社会结构、心理状况等因素决定的生活满意度和幸福感。"[①] 由此可见，心理健康的生命才有质量。

第一，心理健康是适应社会的前提。社会适应是个人与环境取得和谐的关系而产生的心理和行为变化。人的一生不断面临新的情境，个体必须改变自己以适应环境，或者改变环境使之适合自己的需要。大多数个体能成功地适应变化的情境，成功的社会适应使个体在社会中特别是在人际关系中不断发挥作用，并体验到舒适感和满足感。对新情境的适应通常伴有压力，如果不能及时自我调适，会产生生理及心理上的功能障碍，被称为不适应，一般表现为严重的自卑感、内疚感、焦虑感或某些身心疾病，如失眠、皮肤过敏、腹泻等。健康的心理是个体适应社会，胜任工作的重要前提。心理健康对个体的品德素质、思想素质、智能素质乃至身体素质的发展也有很大的影响心理素质是人才素质的基础，心理健康是良好的心理素质的基本要求。

第二，健康的人更能享受生活。心理健康的人能保持愉悦的情绪，从而使人体内的激素分泌保持平衡，有助于生理健康。心理健康与情绪有着密切的关系。现代医学表明：人的情绪、心态与健康密切相关。例如，人在恐惧和悲哀的时候胃黏膜会变白，胃酸会停止分泌，容易导致消化不良；人在焦虑、怨恨时胃黏膜会充血，胃酸分泌会增多，长期的焦虑、怨恨情绪会导致胃溃疡的发生；长期的焦虑与愤怒还会使血压增高、心脏受损，从而导致高血压和心脏病。

心理健康的人，在遭遇考验时，会以乐观积极的心态去勇敢面对，他们有一些共同的特质：积极想象，即便是一般的美好事物也能引起他们幸福的体验；从消极事件中挖掘积极的意义；用幽默、信念、意志应对困难；不钻牛角尖；用适当的方式进行社会比较。心理健康的人很少受环境的影响，更不会沉浸在痛苦及责备之中。他们的生活是朝气蓬勃、充满活力、丰富多彩的。所以，乐观、自尊、自信的人，更容易感受到幸福和快乐，更能享受生活的美好。

第三，个体的身心健康是社会和谐的基点。社会是由个体组成的，个体健康、和谐的心理，是社会安全运行与和谐发展的重要保障；反之，则会对公共政策信用、人际信任、

---

① 张汉芳，金琼 . 大学生心理健康 [M]. 广州：世界图书出版广东有限公司，2014：97.

价值信仰等造成损害，影响政府行政效能，破坏社会的稳定和平衡，妨碍社会发展。当个人的焦虑、恐惧、不安全感、不确定性弥漫开来时候，社会的和谐稳定会受到影响。因此，个体的心理健康对社会的和谐有着重要意义。

三、影响健康的因素

（一）不正确的生活习惯

第一，作息时间不规律。大学生活看似轻松自由，实际上对学生的自理能力、学习能力和与人相处的能力均提出了更高的要求。现实生活中，为数众多的大学生进入大学后，没有及时适应大学的成长环境，思想上出现了懈怠情绪，行动上出现了懒散倾向。作息时间紊乱，该休息的时候不休息，会让身体各器官受到慢性损伤。

第二，长时间上网。部分大学生热衷于电脑、手机网上冲浪、电玩、聊天而超长时间坐在电脑前，不光对眼睛造成伤害，电脑射线经年累月地在身体里蓄积，对血液系统也会造成伤害，还容易引起类似的神经系统疾病。

第三，日常饮食不科学。部分大学生由于晚上就寝时间较迟，早晨起床较晚，很多时候来不及吃早饭便去上课，在课间饿的时候随便吃些零食充饥；部分大学生索性取消了早饭，养成了常年不吃早饭的不良习惯，从而影响健康。

第四，缺乏体育锻炼。很多学生一般更愿意宅在寝室玩游戏、看视频、听音乐等，也很少参加户外活动，能坚持体育锻炼的人更少。因此，大学生身体素质普遍较差，免疫能力偏低。

总而言之，习惯决定着人的一生。习惯一旦形成，它就会支配人的行为过程，影响人的精神面貌。因此，大学生要树立健康的生活理念，深刻意识到良好生活习惯养成的重要性。养成良好的生活习惯要尽早及时，对于生活中的陋习要及早及时纠正。对于大学生而言，大学期间应学知识、长才干，以获得未来独立生存的本领，但比学知识更重要的是学会生活，养成良好的生活习惯。

（二）紧张的人际关系

人是社会性动物，人际交往是人的基本心理需要。人际关系一旦建立就会对人的行为产生各种各样的影响。良好的人际关系，意味着朋友多，人际关系和谐，人们可以互相关心，互相爱护，互相帮助，这样就可以降低心理压力，化解心理障碍，有利于心理健康；不良的人际关系，意味着缺乏知心密友，只有把所有的问题都压抑在心中，产生的问题不能得到有效的化解，容易把心理问题积蓄和放大起来，进而导致产生心理障碍。大学生因不良的人际交往而对心理产生的不良影响包含以下几方面。

第一，缺少知心朋友。部分大学生通常能正常交往，人际关系也不错，但自感缺乏能互诉衷肠、同甘共苦的知心朋友，为此，有时不免感到孤独和无奈。

第二，与他人交往平淡。部分大学生能与他人交往，但总感到与人相处的质量不高，缺乏影响力，多属点头之交，难以保持良好的人际关系，经常感到空虚、迷茫和失落。

第三，交往困难。部分大学生渴望交往，由于能力有限、方法欠妥、个性缺陷或交往心理障碍等原因，致使交往不尽如人意，感到苦恼。

第四，社交恐惧症。部分大学生对人际交往敏感且害怕，极力回避与他人接触，不得不交往时则紧张、恐惧，面红耳赤，难以自制，常陷入焦虑、痛苦和自卑中，影响了心理健康。

因此，从人际交往的这一方面而言，心理健康要注意：首先，要有几个知心良友，任何情况都可以有人倾诉，及时化解心理问题；其次，要学会与人交往，因为人只有在融入团体时才会比较有安全感，而且也容易化解一些心理问题；再次，与家人建立平等融洽的家庭关系，良好的家庭氛围能让人有一种安全感，也能化解心理问题；最后，敢于去进行心理咨询，心理咨询就是心理咨询师与求助者建立的一种特殊的人际关系，这种人际关系是与其他的关系不一样的。

（三）过度或长期的压力

压力已经成为现代社会所使用的高频词。处在大学校园的大学生们，每天也会面临来自各个方面的压力。适度的压力能帮助个体积极应对生活，能提高机体的警觉性，防止意外伤害，并帮助个体成长；但过度的压力或长期压力对身体及心理都会产生消极的影响。当面对压力时，身体就会做出一系列的应对反应，如心跳加速、血管收缩、呼吸增加、淋巴细胞减少等，免疫系统就会减弱，易受到疾病的攻击，甚至身体整个系统会随之崩溃。与此同时，过度压力或长期压力会让人产生心理压迫感，感到不舒服，产生不愉快的情绪体验，如焦虑、愤怒、抑郁、冷漠、恐惧等，如果不能及时消解这些负面情绪，将会导致个体心理适应困难，甚至造成严重的心理疾病。此外，压力还会引起挫折感，长此以往，使个体在面对学习工作时产生无力感，对生活失去控制感。

四、提高生命质量的措施

（一）规律的作息

维护健康的基础是平衡饮食、戒烟限酒、适量运动、心理健康。平衡饮食、戒烟限酒和适量运动应该属于健康的生活习惯。对大学生而言，养成健康的生活习惯显得尤为重要。人是大自然长期进化的产物，人体的生物规律与自然的规律有着内在联系，生命活动具有内在节律性，各种机能存在着各自的作息节奏，它们有着各自的最巅峰与最低迷的时刻，这是由生物体内的时间结构所决定的。规律的作息不只是一个时间管理的问题，还是一个能否自律的问题。自律是一种优良的心理品质，是个体成熟的标志。良好的自律行为植根于人的自信心、进取心、社会责任感和对一般社会规范体系的认同，它有很强的方向性和生命力。对于自我意识逐渐成熟的大学生而言，自律有利于完善自我，有利于调动和发挥自我潜能，有利于创造和实现自我社会价值。更为重要的是，自律还能培养一种自我教育、自我管理、自我服务的能力，这是大学生迎接未来挑战和适应社会需要不可缺少的基本素质。与此同时，自律的过程也是一个体现自我尊严和显示自我价值的过程，能够得到他人的肯定和尊重。

（二）适量的运动

生命在于运动，长期和适宜的运动可以预防疾病、消除疲劳、增强免疫力。运动要适量、张弛有度。对于一般人而言，运动太少或者过度都是有害的。每个人体质不同，一定要根据自己的身体状况决定运动量，要选择适宜的运动方式。不同层次、不同需求、不同生活环境和不同身体素质的人运动方式也应不尽相同。运动锻炼以有氧运动为好，有氧运动属于耐久性运动项目，在整个运动过程中，人体吸入的氧气大体与机体所需相等，其运动特点是强度低、有节奏、不中断、持续时间长，并且方便易行，容易坚持。有氧运动包括步行、慢跑、骑车、越野滑雪、上下楼梯、打网球等。从生理生化这个角度而言，在氧气供应充足的状态下，机体运动所需的能量主要靠糖、脂肪完全氧化来供给，相同重量的糖、脂肪所提供的能量较无氧或缺氧状态下多得多，而且理论上也不产生代谢中间产物乳酸。有氧运动能动用机体的能源库——脂肪，所以它是目前健身强体和减肥的最有效运动方法。

此外，勤于用脑与勤于锻炼同样重要。读书学习、思考问题，意在健脑，人会变得较理性，而且比较能接受积极思想。总而言之，运动是保证人体代谢过程旺盛的重要因素。

（三）构建社会支持系统

社会支持指的是大学生在自己的社会关系网络中所获得的、来自他人的物质和精神上的帮助和支援。一个完善的支持系统包括亲人、朋友、同学、邻里、老师、合作伙伴、社团成员等，还包括由陌生人组成的各种社会服务机构。例如，对专业课任课老师教学方法不能适应，可积极向同学请教，还可向老师反映，获得老师的理解和帮助。大学生应积极参加各种文体活动，在活动中体验集体力量和温暖，认同新集体；参加各种学生组织，在组织中展现自己的长处，获得自信。在心理问题方面，由于个人的个性特征、心理基础不同，自我调适的效果会不一样。如果长久自我调适效果不佳，则应该勇敢地寻求老师、亲人和同学朋友们的帮助。每个人都有局限性，没有一个人能独自解决所有的麻烦，对于陷入困境的人而言，社会支持系统能够带来持久的温暖、安全以及重振生活的勇气、信心和力量。尽管摆脱困境、克服困难，自助是根本，但社会支持系统的他助为自助提供了可能。

每个人都拥有社会关系网，这并不等于社会支持系统，为避免社会关系网的缺乏，需要以真诚的付出来建立和维护，只有真诚的付出，才有可能获得他人的回馈。社会支持系统是积极的人际关系，是一种双赢的社会网络，在这个网络中，彼此信任支持，共同进步成长。除了亲人和朋友，专业的心理咨询机构也属于社会支持系统。学会求助也是一种能力，必要时，学会寻找专业支持，获得更加专业的心理支持，帮助自己渡过心理难关。

（四）心理卫生和心理咨询

如同身体健康要注意生理卫生一样，心理卫生乃是达到心理健康的手段。心理卫生也称精神卫生，它是关于保护与增强人的心理健康的心理学原则与方法。心理卫生不仅能预防心理疾病的发生，而且可以培养人的性格，陶冶人的情操，促进人的心理健康，健康的心理状态和完整的社会适应能力与生理卫生是分不开的。由于心理和生理是互相影响的，心理不健康会给生理状态（人的躯体）造成伤害。因此，讲求心理卫生在某种意义上而言，比生理卫生更为重要。

心理卫生的基本原则要求是：树立正确的人生观，防止与克服心理冲突；参加有益的集体活动，要有自知之明此外保持健康的身体；有规律的生活，去掉不良嗜好；保持乐观的情绪等，这些都是心理卫生的原则。为了保持心理健康，人人应当注意讲究心理卫生。心理卫生包括一切旨在改进及保持心理健康的措施，其内容十分广泛。不同年龄阶段，有不同的心理特点，心理卫生的内容也不尽相同。人在不同年龄阶段，各有一定的生理特点与心理特点，并且出现与之相联系的心理问题。根据不同年龄阶段的身心特点，有效地预防一些心理冲突的发生，及时解决一些心理问题是个体心理卫生的主要目标。

心理咨询是心理卫生的重要部分，现代人应当加强心理咨询意识。就如果心理上出现问题，寻求心理咨询或心理治疗也是很有必要的。心理咨询是心理咨询师协助来访者解决心理问题的过程，即心理咨询师运用心理学以及相关知识，遵循心理学原则，通过心理咨询的技术与方法，帮助来访者解决心理问题的过程。心理咨询的总体任务是提高个体的心理素质，使人健康、愉快、有意义地生活下去，简单而言就是助人自助。帮助求助者解决心理问题的含义是：一方面，咨询关系是"求"和"帮"的关系，这种关系在心理咨询中有普遍意义，要有求助的意愿才会有效果；另一方面，帮助解决的问题，只能是心理问题，或是由心理问题引发的行为问题，除此以外，咨询师不帮助求助者解决任何生活中的具体问题。

心理咨询的原则有保密原则、价值中立原则、发展性原则、助人自助原则等，主要任务包含：第一，帮助来访者处理现有的问题，改变其不良的情绪和行为；第二，帮助来访者增进社会适应的能力；第三，和来访者探讨自我的方向，以及未来的前程。如今，各高校都设有专门的心理咨询机构，为大学生提供心理咨询服务。心理咨询是一个连续的、艰难的改变过程，心理问题与来访者的个性及生活经历有关，没有强烈的求助和改变的动机，没有长时间的探索和修复是难以解决的。就整体的健康观而言，健康包括身与心两个方面，即身体健康与心理健康，心理健康的状态包括良好的社会适应和道德的健康，不良的生活习惯和人际关系、过度或长期的压力，容易导致负面情绪，进而影响身心健康。

第二节　大学生心理健康自我实现的标志

一、正确认识成功

成功一直是人们追求自身价值的理想状态，在不同的历史时代、不同的文化背景和社会形态下，人们对成功的看法不尽相同。成功是非常个性化的东西，没有一个能让所有人都满意的标准答案。成功应该包含两个方面的含义：第一，社会承认个人的价值，并赋予了个人相应的酬谢，如金钱、名誉、地位、尊重等；第二，成功的主体自己承认自己的价值，充满自信、充实感和幸福感。这两者缺一不可。但是，人们往往忽略了成功的后一种意义，认为只有得到社会承认、他人尊敬时，人们才算成功，而并不重视自己的主观感受。

成功是多种因素的聚合，是智力因素与非智力因素共同作用的结果，这一观点已经得到了广泛的认同。和智力因素相比，非智力因素的作用越来越受到研究成功的学者的广泛关注。决定一个人成功的关键不是智商而是情商，情商，即自我激励、百折不挠、控制冲动、延迟享受、调适情绪、排除焦虑、善解人意、充满希望。从这个意义上而言，成功也是不可复制的，每个人的性格、环境、智商、情商、机遇、身份都不一样，每个人都有自己的成功方式。如果说成功有规律可循，那么便是认识自己、创造自己、成为自己。

世界上没有所谓的终极成功，当实现了一个目标之后会有第二个、第三个目标。成人，成才，成就学业，成就事业，成就整个人生，是成功；完成一个活动，完成一件工作，完成一项任务，完成生活的每一件小事，也是成功。惊天动地，建功立业，是成功；默默无闻，造福社会，也可以是成功。由此说，人人都拥有成功，人人都可以创造成功，人人都在自己的人生旅途上收获着大大小小的成功。而且，在不同的阶段，人们往往追求不同的成功。因为，人在每一个阶段都有不同的需要，那些能够满足最迫切需要的成就才给人有成功感。

每个人都渴望拥有一个成功快乐的人生，而这主要取决于一个人的心灵成长水平。如果一个人不注重心灵成长，迷失了自己，不要说成功，就连最起码的自我"存在"都维持不了。在追求成功的过程中，最重要的并不是"打败别人"，而是做一个"最好的自己"。"因此，对大学生开展成功心理教育，引导其树立正确的择业观和创业观，学习规划未来的事业发展，对大学生把握大学生活，珍惜青春时光，为步入社会做好充分准备也是当前高校德育的重要内容。"[①]

二、成功的心理要素

成功的心理要素具体包含以下方面，如图 4-1 所示。

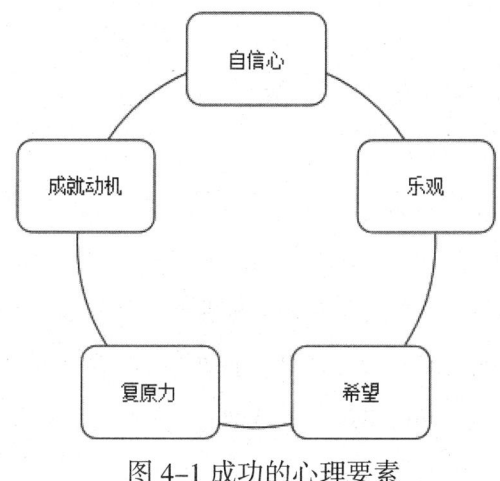

图 4-1 成功的心理要素

（一）自信心

自信心，是人对自我信念的强度，决定了其拥有的抱负，所做的选择，可以付出多大努力在特定任务上，以及面对困难与挫折时能够坚持多久。自信心是成功的基础，古往今来的成功人士都具有一个共同的特点，即自信。自信可以帮助人们发现和肯定自己的长处，产生一种积极进取的成就动机，激励自己去发挥特长，以达到自我实现的目标。

---

① 杨爱东，高德升. 成功心理教育与大学生健康人格 [J]. 泰山学院学报，2012，34（04）：135.

自信心能够激发人的意志力。自信是对自己正确评价后所产生出来的一种坚定的自我信任感，它可以激励人们为自己选择一些难走但又是必经的人生之路，并义无反顾地走下去。在奋斗过程中，自信激励着人们克服困难，勇往直前。自信心能够激发人的潜能，有自信心的人，既不自卑，也不自负，能正确认识自己。在恰当地评价自己的知识、能力、品德、性格等内在因素的前提下，相信自己各方面都有可取之处，相信自己能弥补各方面存在的不足，能够看到自己各方面还有很大的潜力可挖和发挥。

自信心可通过四种信息来源进行开发：第一，过去的成就与表现，这种信息来源具有很强的影响力，因为它是以个人熟悉的经验为基础，成功的经验会提高期望，而反复的失败则会减弱期望；第二，别人的经验，即根据他人成功或失败的经验反过来判断自己的能力，从而影响自信的形成；第三，言语说服，通过他人的言语说服，人们更容易相信自己能够成功应付那些过去曾经令他们手足无措的事件，但是如果说服未提供具体的成功经验，其产生的效能可能弱于个人成功经验的影响力；第四，生理和心理唤醒，紧张或充满压力的情况通常会引起生理和心理上的唤醒，这个因素能有效影响个人自信。因此，生理和心理唤醒是另一个提供自信的来源，它会影响在紧张或压力情况下自信的形成。

（二）乐观

乐观，是一种积极的性格因素，是无论何种情况下，也能保持良好的心态，相信困境总会过去，阳光总会再来的心境。

在现实生活中，人们常常会发现这样的情况，当遇到一件事情，如果充满热情，态度乐观，就会对它采取积极行动，这件事情就会向好的方面发展。假如持另外一种态度，即对事情悲观失望，凡事尽往坏处想，对它消极躲避，事情也会越来越糟糕。不同的态度，作用于同一件事情，带来的是不同的结果。面对同一事物，因为心态不同而产生完全不同的看法，从而导致了完全不同的结果。乐观的心态推动事情朝积极的方向发展，而悲观的心态却导致消极的思想，从而将事情带入困境。

（三）希望

希望不仅是指对个人目标可能达到的决心，还包括对达成目标途径的信念。真正有价值的希望应该包含三个成分：目标、动力思维和方法思维。首先，目标是人们想要达到的地方，它能够指明行动方向；其次，动力思维是追求目标的动机或信念，也称作"意志力"，是达成目标的心理能量，这种能量可促使个体不断地前进，即当个体遭遇挫折时，能通过信念坚持解决问题的决心，使个体具备达成目标的勇气及信心；最后，方法思维则帮助人们思考，如何才能到达这个目标，以及当预想的计划失败时，寻找哪些替代方法。日常生活中的希望能提升积极情绪，增加控制感，让人感受到自己的价值；而困境中的希望更是可贵，希望常常伴随着灾难而生，希望是坚强的人性在困境中前进的方向。希望水平高的人通常有足够的毅力去战胜挫折，并将这种挫折看作成长的契机；而低希望的人则可能在面对困难时唯唯诺诺、止步不前。

（四）复原力

面对不利情境，有的人能激发出内在潜能，运用内外资源积极修补、调适，从而成功。个体从逆境、不确定、失败以及某些无法抗拒的变化中复原的能力，被称为复原力，复原力也称为坚韧性，是个人面对生活逆境、创伤、悲剧或其他生活重大压力时的良好适应的反弹能力，是成功的必备品质。复原力有三个基本特征：第一，接受并战胜现实的能力；第二，在危急时刻寻找生活的真谛的能力；第三，随机应变想出解决办法的能力。

复原力主要包括两个主要因素：内在保护因子和外在保护因子。内在保护因子是指个体自身所具备的某些特质，能调节或缓和危机所带来的影响，如人格因素如稳定性、内外倾性、积极性倾向，积极问题解决、生活乐观、寻求新奇性、同理他人、信任他人、责任感、幽默感、目标感、自我激励、延迟满足能力、情绪调节能力、社交能力等；外在保护因子是指个体所处的环境具有能够促进个体成功调适，并改善危机所带来的影响的因子。对于学生而言，外在环境包含三个系统：家庭、学校与社区。家庭环境中的保护因子包括温暖的亲子关系、有感情且不会严苛批评、支持性、家庭凝聚力等。与家庭保护因子相比，学校和社区也是复原力的重要组成部分，学校的保护因子有老师的支持、成功或快乐的积极经验、与老师同学的良好关系等。

有复原力的人可以在挫折和困难中茁壮成长，他们不仅会恢复他们原先的水平，甚至还可以达到更高的水平，越挫越勇。

（五）成就动机

成就动机是指一个人所具有的试图追求和达到目标的内在驱力，是一个人事业是否能取得成功的关键因素，它使得人的活动总是指向一定的目标，总是力图在某些方面取得成就。在克服障碍和困难的过程中，成就动机使人正视所遇到的挫折和失败，表现出极大的韧性和毅力，不达目的决不罢休。

各人的成就动机都是不相同的，每一个人都处在一个相对稳定的成就动机水平上。人在竞争时会产生两种心理倾向：追求成就的动机和回避失败的动机，成就动机涉及对成功的期望和对失败的担心两者之间的情绪冲突。如果一个人追求成功的动机高于避免失败的动机，那么这个人便将努力去追求特定的目标，这种人叫作"力求成功者"，他们倾向于选择有一定成功概率的任务，这种任务可以给他们提供最大的现实挑战。如果一个人避免失败的动机强于追求成功的动机，那么这个人就有可能选择减少失败机会的目标，叫作"避免失败者"。对于失败的恐惧将改变人们对一个目标的追求，他们的选择倾向于很简单或者很困难，因为简单的任务做起来非常容易，而很困难的任务即使失败了，也能找到理由开脱。

高成就动机者会给自己强烈的成功暗示，他们相信自己必定能够取得成功，在行动之初，即以成功者的角色和自信的姿态踏上征途，直至最后取得真正的成功。成功暗示是强烈的成就动机催生出对成功的渴望，从而诱发出相应的行为，促进行为人实现成功。成就动机低的人，往往将自己的成功归因于外界原因，而将失败归因于自身能力不足；成就动机高的人，则把成功归因于自身能力强，将失败归因于自身努力不够。如果将失败归因于可控的不稳定因素，就不会危及自我效能感；如果将失败归因于能力等稳定的因素，则会使个体对未来的结果产生失败的预期，降低了自我效能感。因此，成就动机越高的人，越能全面看待事物的成败，从成功中获得信心，由失败而得以自省，从而走向更高的成功；而成就动机低的人，在对失败原因的分析上，往往归因于自身能力不足，而降低了对成功的渴望与自信。长此以往，低成就动机者就会离成功越来越远。

三、成功的途径

（一）做感兴趣的事

兴趣可以促进人适应环境，对生活充满热情，可以推动一个人所正在从事的活动，同时，它对丰富知识、开发智力也有着重要的意义。总而言之，兴趣可以使人们发挥最大潜能并朝着成功的方向迈进。兴趣在人们的各种心理特征中起着非常重要的基础作用。在人格特征、能力和潜能、价值观、需求和动机中，都可以看到兴趣在其中的作用和表现。但兴趣和这些特征也不是始终统一的。兴趣与天赋不符的情况也时有发生，在认识兴趣的时候，需要清醒地认识到，这是我的兴趣，但它不一定代表我已经拥有这样的能力。

纵观世界上杰出的成功者，他们执着地追求自己感兴趣的事情，又兴趣十足地投身于自己热爱的事业中，不但使自己特有的个性和素质得到磨炼，还使自己身上的优势潜能得到充分的发挥。

（二）对职业生涯进行规划

人们要想成功，要清楚目标和详细的计划。现代人大部分时间是在社会组织中度过的。在毕业后到退休前的几十年中，几乎每天都要和工作打交道，因此，职业生涯能否成功直接决定了人生质量。职业生涯是一个人终生的工作经历，开始于任职前的职业学习和培训，终止于退休。

对职业生涯进行规划，是迈向成功的第一步。职业生涯规划是指个人和组织相结合，在对一个人职业生涯的主客观条件进行测定、分析、总结研究的基础上，对自己的兴趣、爱好、能力、特长、经历及不足等各方面进行综合分析与权衡，结合时代特点，根据自己的职业倾向，确定最佳的职业奋斗目标，并为实现这一目标做出行之有效的安排。个人选择职业的关键在于个人的特质要与特定职业的要求相匹配，只有这样，个人才能更加适应职业，并使个人和用人单位同时受益。个体生涯发展中都要经历成长、探索、建立、维持以及衰退五个阶段，每个阶段都有各自的发展任务和职业选择要以个人的发展为着眼点，同时也要兼顾社会的需要和利益。

人的人格类型、兴趣与职业密切相关，凡是具有职业兴趣的职业，都可以提高人们的积极性，促使人们积极地、愉快地从事该职业，且职业兴趣与人格之间存在很高的相关性。

职业规划的步骤包含以下几方面。

第一，客观认识自我、准确职业定位（自我认知）。职业生涯规划最基础的工作首先是要知己，即要客观全面认清自我，充分了解自己的职业兴趣、能力结构、职业价值观、行为风格、自己的优势与劣势等，只有正确地认识自己，才能进行准确的职业定位并对自己的职业发展目标做出正确的选择，才能选定适合自己发展的职业生涯路线，才能对自己的职业生涯目标做出最佳选择。在客观认识自我方面，需要了解：职业兴趣、职业技能、职业价值观与个人特质。

第二，评估职业机会、知己知彼（职业认知）。每一个人都处在一定的社会环境之中，离开了这个环境，便无法生存与成长。只有对这些环境因素充分了解，才能做到在复杂的环境中避害趋利，使自己的职业生涯规划具有实际意义。因此，除了要正确客观地认识自我，还必须更多地了解各种职业机会，尤其是一些热门行业、热门职位对人才素质与能力的要求，对职业机会的评估需要理性评估，深入地了解这些行业与职位的需求状况，结合自身特点评估外部事业机会，才能选择可以终生从事的理想职业。

第三，择优选择职业目标和路径（确定目标和路径）。职业生涯规划的核心是制定自己的职业目标和选择职业发展路径，通过前面两个步骤，对自己的优势劣势有了清晰的判断，对外部环境和各行各业的发展趋势和人才素质要求有了客观的了解，在此基础上制定出符合实际的短期目标、中期目标与长期目标。正确的职业选择至少应考虑：兴趣与职业的匹配、性格与职业的匹配、特长与职业的匹配、价值观与职业的匹配、内外环境与职业相适应。职业目标确定后，需要考虑向哪一条路线发展。由于发展路线不同，对职业发展的要求也不相同。因此，在职业生涯规划中，必须做出最适合自己的抉择，以便使自己的学习、工作以及各种行动措施沿着职业生涯路线或预定的方向前进。

第四，终身学习、高效行动（计划、策略、行动）。在确定了职业生涯目标后，行动便成了关键的环节。没有朝向目标的行动，目标就难以实现，也就谈不上事业的成功，这里所指的行动，是指落实目标的具体措施，主要包括工作、训练、教育、轮岗等方面的措施。要取得事业上的成功，重要的是要不断更新知识、提升能力，才能保持自己的职业竞争力，逐步达到自己设定的职业目标。

第五，与时俱进、灵活调整（动态反馈调整）。要使职业生涯规划行之有效，就需不断地对职业生涯规划进行评估与调整，其调整的内容包括：职业的重新选择、职业生涯路线的选择、人生目标的修正、实施措施与计划的变更等。职业生涯规划的目的是建立目标、树立信心，职业生涯规划只是走向成功的必要手段，能否成功则主要取决于个人的努力。

（三）良好的时间管理

时间管理是一种能力，就是做计划，在指定的时间内完成预定的事情，用最短的时间，发挥最高的效率。时间管理就是在日常工作中始终如一地、有的放矢地使用那些证明是行之有效的工作方法，以便组织好自己生活的方方面面，最有意义地、最大限度地利用自己所拥有的时间。良好的时间管理可以使人把握重点，抛开日常琐事的干扰，集中心思，全力以赴地从事必做的工作，达到目标，实现理想；可以让人们减轻压力，在生活和工作之间取得平衡，主动工作，快乐生活。

第三节 大学生心理健康自我实现的终极目标

一、认识生命，真爱生命

随着社会经济的发展、科学技术的日新月异，以及物质生活的极大丰富，关于生命与生存、生命与尊严、生命与价值、生命与发展、生命与社会等深层问题也迫切地摆在了大学生的面前。生命构成了世界存在的基础，世界正是因为有了生命才精彩。而在所有生命存在中，人是超越其他一切生命现象的存在物。生命是蛋白质和核酸物质的运动形式，是一种特殊的、高级的、复杂的物质运动形式。生长和发育是生命基本过程，而新陈代谢则是生命的最基本的过程，是其他一切生命现象的基础。生命，特别是人的生命，应当由三个因素构成：形体、心理（精神）和社会性。

第一，生物性生命。人是生物性的存在，生物性是人的生命的最基本的特性，是人的生命的社会性、精神性存在的基础和前提。人的生命作为一个自然生理性的肉体生命而存在，其生长和发展就必然要服从生物界的法则和规律。

第二，社会性生命。社会性生命即人际生命，包括感知社会、角色扮演、人际交往、求学择业、社会竞争等。每个人要想生存下去，就必须参与和融入社会活动中，在与人的沟通、交往和互动中保存自己的生命，追求自己生命的意义，实现自己生命的价值。

第三，精神性生命。精神性生命即永恒生命。人之所以为人就在于人有高于动物的意识活动，有超越生物性生命的精神世界。人不但要思考如何活下来，还要思考如何更好地生活，这就是人对于生命意义发自内心的追问，是人对价值生命的一种诉求。

对生命意义的寻找是人类的根本拷问。对生命意义的追求，是人主动而为之，是人的基本人生态度。如果体悟到了生活的意义，人的生命就会充满活力，就能充分体验到生活的幸福。否则就会觉得心灵空虚，感到精神苦闷甚至绝望。通过对生命的积极思考，个人才能努力实现自己给予高度评价的生命目标。生命的意义主要包含：首先，人性观，人的存在具有身体、心理和精神三个层次；其次，自由，人虽不能免于生物、心理和社会的各种限制，但面对这些限制，人却保有选择的权利；再次，责任，人的首要责任是良知。人不仅有责任去实现个人生命的独特意义，还要对社会、人性、全人类以及自己负责；最后，自我超越，人类存在的特征是自我超越而不是自我实现，人的特征是"追求意义"而不是"追求自己"。

生命教育是指对个体从出生到死亡的整个过程中，通过有目的、有计划、有组织地进行生存意识熏陶、生存能力培养、生命价值提升，最终使其生命质量充分展现的活动过程。通过各种教育活动，引导学生思考生与死的生命课题，以积极的态度面对生活中的失落与痛苦，培养学生对自然、对自己、对他人、对社会的关爱情怀，提高学生对生命及其存在价值的认识；懂得生命的意义在于创造，从而认识生命、尊重生命、珍惜生命、敬畏生命。

二、生涯规划，成就人生

（一）生涯目标和生涯规划

生涯目标是指引人生成长和发展的导航标，它是由人的一生中不同时期所充当的各种角色完成的目标而构成的,人生经历的每一个阶段所充当的角色不是单一的,如在大学期间人们不仅要充当"学生角色",还要充当"同学角色""子女角色""社会人角色"等。充当不同的角色需要完成的生涯目标也是不同的,如作为"同学角色",生涯目标就是要建立良好的人际关系,要学会如何分享与沟通等;作为"子女角色",生涯目标就是建立和谐的亲情关系,学会感恩、学会尊重和孝敬父母等;作为"社会人",生涯目标是要成为一个有责任感的人,要学会自尊和尊重他人,学会自强和敬业、帮助与关爱他人等。

生涯规划简言之就是规划人生,就是使人生更精彩。人生包含三个阶段:对过去成长岁月的反思、对目前发展状况的审视和对未来可能发展方向的预测,过去是现在的基础,现在是未来的奠基。发展的各个阶段为生活广度,又称为"大周期",包括成长期、探索期、建立期、维持期和衰退期。个人扮演的角色为生活空间,包括子女、学生、休闲者、公民、工作者、持家者等主要角色。各种角色之间是相互作用的,一个角色的成功,特别是早期角色的成功,将会为其他角色提供良好的基础;反之,某一个角色的失败,也可能导致另一个角色的失败。生活广度和生活空间交汇成为生涯彩虹图,它描绘出了生涯发展阶段与角色彼此间交互影响、多重角色生涯发展的状况。

对大学生而言,生涯设计与定向关系着其今后的发展方向,也决定着大学生的校园生活与学习的重点。生涯不确定的大学生经常会出现焦虑、目标与兴趣模糊不定、缺乏求学动机,学生角色投入不足、学业成绩偏低等现象,进而不能适应今后的发展。但大量的研究发现,大学生中缺乏生涯规划与定向的情形较为普遍和严重,相当一部分大学生并不能自觉地确立自己的生涯发展方向。

就发展历程的观点而言,大学生正处于生涯探索期和生涯建立期的关键阶段,面临着许多关乎未来发展的重大抉择,如学业、职业、人生价值、婚姻等。因此,大学生的生涯规划主要是要透过生涯探索的历程增长对生涯认知,并逐渐认清其生涯发展方向,以完成具体的生涯计划和准备。

(二)大学生职业生涯规划策略

进入大学是一个人一生当中重要的里程碑,大学阶段为未来工作和生活做着相应的各种准备。就大学生阶段而言,大学生们思考最多的可能是职业目标,大学生的职业生涯规划具体到四年的学习生活中,实际是规划学业发展、个性与社会性发展、生涯发展的过程。大学一年级的经验对大学四年有重要影响,而大学四年的经验对未来有重要影响。大一新生的茫然、不知所措,归根结底是新目标缺失所造成的。因此,学习规划职业生涯,明晰目标,理清头绪,制订有效的行动计划,对于个人的成长和发展意义非凡。

职业目标是人生目标之一，不要孤立地去考虑职业目标，职业目标是在人生目标的基础上确立的。职业目标的确立还需要考虑个人的内因与外因，内因主要包括价值观、兴趣、能力、知识等；外因主要包括人际关系、经济状况、父母期望、劳动力供求关系、岗位能力和素质要求、工作地点、企业文化等。

职业生涯规划的核心内容包含以下几方面。

1. 认识自己

认识自己指自我觉察、自我探索，认识自己的性格、兴趣、价值观、能力、特长和专业知识等，客观地进行自我评估。自我评估是职业生涯规划的基础，也是能否获得可行的规划方案的前提。

第一，了解自己的职业气质和性格。气质是指人们心理活动的速度、强度、稳定性和灵活性等方面的心理特征，是神经类型特征在人的行为上的表现。所以，认清自己的气质对择业至关重要，是选择职业时的重要因素。一般而言，气质分为胆汁质、多血质、黏液质和抑郁质四种类型。每一种气质都有其积极方面和消极方面。气质对个体的职业和效率有一定的影响。不同气质的人适合从事不同类型的职业，这有助于职业选择的成功。性格是个人对现实的稳定态度和与之相适应的习惯化了的行为方式中表现出来的个性心理特征。性格是人的自然追求和精神欲求的追求体系，是行为方式、心理方式、情感方式的总和，集中反映了一个人的心理面貌。在求职中，性格是构成相识和吸引的重要因素，与职业选择的关系极为密切，既彼此制约，又相互促进。

第二，了解自己的能力。人的能力分为一般能力和特殊能力两大类，一般能力是指观察力、记忆力、注意力、思考力、想象力等，也就是智力；而计算机程序设计、音乐、绘画等创造性的工作需要一些特殊的能力。不同的职业对能力的要求是不同的，如医生需要更为敏锐的观察力，教师要有较好的记忆力，而记者除敏锐的观察力之外，还需要思考问题的能力。不同的职业要求人有不同的能力。人的职业能力通常可分为等九个方面，它们是一般言语能力、数理能力、空间判断能力、察觉细节能力、书写能力、运动协调能力、动手能力、社会交往能力、组织管理能力等。

2. 了解社会

了解社会指职业环境探索，包括行业、企业和职业三方面，认识不同职业所要求的知识、技能、经验、个性等，认识不同行业和职业发展路径等。知彼，就是客观分析外部环境、评估职业机会，包括社会政治环境、社会经济环境和组织环境、职业的特性、所需的能力、就业渠道、工作内容、工作发展前景、职业的薪资待遇、晋升发展机会等。

大学生还要了解与本专业对应职业群有关的职业资格。例如，财经类专业的学生不但应了解与会计有关的职业资格，还应了解统计、金融、保险、证券、仓储、秘书等职业资格。就会计而言，应让学生知道至少有四类证书与职业生涯有关：首先，会计上岗证以及珠算通级证和财会电算化证，这是具有从业资格的基本条件；其次，注册会计师证、资产评估师证等，这是今后能否具有执业资格的证明；再次，专业技术职务证书，如助理会计师、会计师、高级会计师，这是专业水平的体现；最后，跨职业的能力水平证书，如外语、计算机、普通话和汽车驾驶等，这或者是与取得第二、三类证书有关的证书，或者是与提高求职成功率有关的证书。对于这些证书，不但要让学生分清种类和功能，更要让学生知道取得这些证书应具备的学识、技术和能力即资格标准，为学生结合自己的专业方向进行生涯设计奠定基础。

3. 正确决策

决策，指衡量自己的能力与职业理想之间的差距，有意识地培养自己的全面素质，初步确定自己的职业理想和职业发展规划，同时着手实施。并在实施过程中不断评估、反思和调整自己的职业规划。大学生处于职业生涯的起始端，职业决策能力显得非常重要，它指个人习得的用以顺利完成职业选择活动所需要的知识、技能及个性心理品质。决策能力大小、决策正确与否，往往影响整个职业生涯发展乃至一生。

人生包含七次重要选择：第一，选择何种行业；第二，选择行业中的哪个工种；第三，选择所使用的策略，以获得自己想要的工作；第四，从多个工作机会中选择自己的唯一；第五，选择工作地点；第六，选择工作取向，即个人的工作风格；第七，选择生涯目标或系列升迁目标。对大学生而言，要做出生涯决策，是否准备从事所学的专业。在此基础上，进行目标设置与调整。生涯决策能力需要积累，不断分析自己的优势、积累自己的专业优势与素质，才能在人才市场立于不败之地。

大学生需培养和提高职业决策能力：首先，善于搜集相关的职业资料和个人资料，并对这些资料进行正确的分析与评价；其次，制订职业决策计划与目标，独立承担和完成个人职业决策任务；再次，决策时，应该具有权衡取舍的魄力和能力，在实际决策过程中，有主见性，能适时、果断地做出正确决策；最后，能有效地实施职业决策，能够克服计划实施过程中的种种困难。

第五章　大学生心理健康的环境与咨询管理

第一节　大学生心理健康的环境适应心理

"就社会发展而言，对心理健康的关注往往是伴随着现代化进程而凸显出来的，心理健康开始作为一种现代观念深入人心。"[①] 人生的首要使命是适应环境，适应环境是生存下去的另一种说法。心理健康的人应该是适应环境良好的人，所以，环境适应是所有人的心理健康标准之一，也是大学生心理健康的重要指标之一。现实中，大学生环境适应心理问题影响着大学生的生活与学习。

一、大学生环境适应心理的要求

第一，适应社会要求。大学生应把握社会需求的多样性和发展性，把握好社会需求的多样性，就能开阔选择发展模式的视野，避免把发展的目标禁锢在某种社会需求上。只要选择的发展模式适应某种社会需求，就会有光明的前途。同时，社会需求又是发展变化的，选择发展模式一定要顺应社会需求的发展趋势。

第二，善于把握自我。选择发展模式要把握发展的主客观条件。把握发展的客观条件较易，把握发展的主观条件则较难，难就难在正确认识自我上，因为大学生自我认识的能力有限，社会经历比较简单，缺乏检验自身素质的实践，自主能力差，容易从众，也容易偏执。因此，要引导大学生努力学习一些自我认识的知识，掌握一些自我认识的方法，积极参加展现自身素质的实践。主观条件认识清楚了，选择发展的模式也就容易了。倡导充分发挥自己的长处，但绝不意味着可以忽视自己的短处，了解自己短处的目的不是为了将其作为支撑点，而是为了尽可能避免它。

第三，学会做人。适应与发展的目的在于使人日臻完善，使人格成熟，不断增强自主性、判断力和个人的责任感使人拥有正确的人生观、价值观，拥有明确的伦理道德观念和是非观念，能够遵守社会公德，使自己的各项行为符合新时期大学生的行为规范。

第四，学会做事。大学生要有敬业精神和社会责任感，要有独立的生活管理能力，独

立选择、独立决断、独立处理问题的能力和应付各种情况以及各种环境的工作能力，能够不断积累做事的相关经验，使工作更有成效。

第五，学会交往。在现代社会中，与人和谐相处既是一种人际交往的能力，也是人成功的一种人际资源。大学生对他人应当有尊重、真诚的态度，能够接纳他人的长处与不足，能够与他人进行良好的沟通。在沟通中建立亲密的合作关系，在相互交流与分享中促进自我与他人的成长与发展。

第六，学会学习。学习是一个人终生的任务，也是大学生的主要任务。在科技迅猛发展的信息时代，大学生们不仅要善于学习书本知识，而且还应善于学习实践知识；不仅要能够在老师的指导下进行学习，而且离开了学校也要善于学习和创造。因此，要不断激发和提高学习动机，学会计划和安排学习，总结学习经验，提高学习技能和技巧。

第七，提升个人素质素质，简言之，就是人的内在素养和品质，是在先天和后天的共同作用下形成的人的身心发展的总体水平。素质的最大特点是它的内在性，是本而不是末，是里而不是表，是质而不是量，但它可以通过外在形式表现出来，如一个人的行为方式、思维品质、精神境界、处理各种问题的能力等。素质的另外一个特点是综合性，包括思想道德素质、文化素质、专业素质和身心素质，其中思想道德素质是根本，文化素质是基础。对大学生而言，要十分重视创新能力、实践能力和创业精神的培养。

第八，实现角色转换。大学生毕业进入社会也就意味着承担新的社会角色，但这种新的社会角色的确立并不是一蹴而就的，它是一个行为过程。获得承担某个角色的认可，表现出扮演这个社会角色所必须的社会品质和才能，积极地从精神上和行为上完全地投入这一社会角色。择业的过程就是选择新社会角色的过程。新角色的获得就使得角色转变成为可能。大学生要学会从一个受教育者转变成一个能承担社会责任的、通过工作为社会做贡献的人。

二、大学生环境适应心理的问题与调适

部分大学生由于个体因素等原因，引起适应不良以至于产生比较严重的适应心理问题，需要加强心理健康指导和调试才能解决。

（一）大学生适应不良的调适

1. 校园环境适应不良的调适

校园是大学生学习和生活的重要场所，熟悉并适应校园环境，有利于大学生的学习和生活。一些新生离开家长来到学校会感到无所适从、不知所措，只有尽快熟悉校园环境才

能使自己更早更好地融入新生活之中。

适应校园生活的方法有：首先，主动观察。入校后应尽早抽出时间到校园各处转转，了解校园的基本布局，如办公楼所处的位置，各部门的位置及职能，教室、图书馆的使用规定，食堂、商店的开放时间等；其次，登录学校网站，一般情况下，学校网站都会对学校基本情况、各部门设置及职能，尤其是对各个专业有较详细的介绍，及早了解专业特点，确立专业思想，掌握正确的学习方法等；再次，虚心请教。即虚心向老师或高年级同学或同乡请教；最后，参加集体活动，一般而言，学校都要对新生进行入学教育，大学生一定要积极参与，能够了解学校，认识老师，增加同学之间的交流机会，缩短彼此之间的心理距离。与老师和同学交流得越多，锻炼的机会也越多，对促进能力的提高就越有帮助。

2. 生活环境适应不良的调适

大学生活对于大多数学生来讲都是独立生活的开始，尤其是独生子女。大学生活是一种集体生活，部分新生由于过去过于依赖家庭，进入大学后就容易产生生活习惯不适应，如饮食难合口味、作息习惯不适应、集体宿舍人多口杂、自理生活不适应、气候的变化、语言环境改变和风俗习惯不同等。适应大学生活是大学生学习与发展的前提和基础。因此，大学新生如何尽快适应新的生活环境就成了一门必修课。

大学生活环境适应不良常见的应对方法有：首先，客观地评价原有的生活习惯，养成良好的生活习惯。对自己原有的生活习惯进行客观评价，找出某些与大学生活要求不相容的部分，对影响集体或他人的不良习惯要改正。应制订严格的作息制度，保持旺盛的精力，饮食有规律，坚持锻炼身体，保持健康的体魄等。其次，培养独立生活能力。学会独立生活是迈开人生的第一步。大学新生要尽早鼓起独立面对新生活的勇气。集体生活一段时间后，只要稍加努力和注意自我锻炼，再加上同学之间的彼此影响，新生的自理能力会很快提高。最后，独立生活的重要方面是金钱的管理，要防止消费欲过度膨胀，相互攀比，考虑哪些开支是必需的、基本的，哪些是可有可无的，提前计划，将多余的钱存入银行，把自己的生活安排得当。

3. 管理环境适应不良的调适

刚从高中跨入大学的新生对大学的管理普遍感到不适应，他们仍然渴望像中学时期一样，有人监督，有人管理，不了解、不适应大学管理的特点，于是便出现一些适应不良现象。大学的管理是针对青年的特点来进行的，大学生正处于青年中期前的一段时间，这是人生中心理变化最大的时期，也是身心发展最不稳定的时期。他们的认知、情感、意志还不太稳定，不太均衡，不太协调统一，容易出现人云亦云，缺乏主见，情绪波动，变化剧烈，意志薄弱，自制力差等现象，这些都需要引导和教育。由于大学生文化层次较高，思想活跃，对大学生的管理不能沿用对中学生管理的模式。

大学管理环境适应不良应对常用的方法有：首先，积极参加各种活动。学校外展各种活动的主要目的是精通学业、丰富精神生活、陶冶道德情操等。参加的活动多了，对学校管理环境的适应能力也自然增强了；其次，了解大学的管理制度和管理办法，提高大学管理环境适应能力；再次，增强自立意识，提高自理能力，要克服依赖思想，学会自觉地、自制地自己去看书学习，解决学习中的问题；最后，要培养独立思考的能力，独立生活的能力，适应社会的能力，通过自己的努力去提高各方面的素质。

4.学习环境适应不良的调适

学习是大学新生关心的首要问题。很多同学在入学一段时间后猛然发现大学学习生活并非中学老师所说的那么轻松。大多数同学在开学初的那段时间采用中学的方法，希望通过老师的反复灌输掌握知识，不会合理地安排时间，不会科学地、充分地利用图书馆资源进行学习。有些同学适应较快，有些同学到了考试才发现问题。因此，如果不及时调适，就会产生厌学、逃学现象。大一新生应该多与老师和学长学姐交谈，逐渐适应大学的学习特点，找出规律，不断提高学习效率和质量。

大学生学习适应不良常用的应对方法主要是：首先，树立科学的学习观。学习观是价值观在学习生活中的反映，是人们在了解学习的内涵及其特征的基础上逐步形成的，是对学习的规律、方法、途径、目的、意义和价值等所持的看法、立场和态度，大学生要树立终身学习的观念，包括学会认知，学会做事，学会共处，学会生存，学会发展；其次，掌握科学有效的学习方法，如探索和发现法学习，创新性学习，辩证思维等，这些都是学习的利器，对学习起事半功倍的作用；最后，培养优良的学风，学风是指学习的风气，包括学习态度、学习精神、学习风格和学习方法等。优良的学风能促进和保证学习任务的完成，有利于丰富其精神世界，有利于美好心灵的塑造。而且在其参加工作以后，会转化为优良的工作作风，具体而言是要勤奋刻苦、严肃认真、求实创新。

5.角色转换适应不良的调适

许多大学生在高中时都是优秀学生、班干部等，平时深受家长、老师和同学们的关注和关怀，通常都是生活中的中心人物。进入人才济济的大学后才发现自己不再拥有这些优势，由此产生心理上的失衡。

大学生角色转换适应不良常用的应对方法是：首先，以平常心态接纳现实，只能有少数人保持原来的中心地位和重要角色，而大多数学生会面临从中心角色向普通角色的转变，所以应适当地降低自己的期望值，接受"不完美"的自己；其次，向同学学习，善于发现和学习其他同学的优点和长处，以阳光的心情投入大学生活，从而得到丰富多彩的人生；

最后，正确对待学习成绩，要看到大学新生的入学学习成绩，不是评价大学生的唯一标准，要以发展的眼光、进取的心态发现自己的优势，增强自己的信心，不断完善自己，不断提高自己的竞争力，增强自己立于不败之地的信心。

（二）大学生环境适应心理问题的调适

1. 自负心理的调适

自负心理，亦即自我中心心理，在学习和交往中均有表现。自负的人为人处世总是以自己的需要和兴趣为中心，只关心自己的利益得失而不关心别人的利益得失，总是从自己的经验出发来解释世界，并且盲目地坚持自己的意见，顽固不化，唯我独尊，自尊心过分强烈，这种心理会严重影响大学生的人际交往，使别人对自己敬而远之，使自己处于自我封闭和自我隔离状态，长此以往终将导致一个人形成自卑、孤独、退缩等心理障碍。

自负心理常用的应对方法有：首先，学会接受批评，只有能够接受别人的正确意见、承认自己的错误，才有可能通过批评改变过去固执己见、唯我独尊的形象；其次，平等相处，以一个普通人的心态和身份与别人相处，不过分苛责，不冷眼看待；再次，丰富自己，一个人越有知识，越有能力，越有修养，就越不会陷入狭隘的自我中心之中；最后，淡化自我，以自我为中心的人有过于敏感的自我评价。心目中的自我评价过高时，采取"自我淡化"法，使心中的自我地位削弱，对别人的计较就会少得多，自然会听进建议，接受别人的看法从而与人和谐相处。

2. 焦虑心理的调适

焦虑是个体主观上预感到似乎即将发生不幸的一种不安情绪，并伴有烦恼、害怕、紧张等情绪体验。大学生焦虑的表现是怀疑自己的能力，常常夸大自己的失败（哪怕只是受到一次小小的挫折），经常闷闷不乐和讨厌别人，脾气古怪等。过度焦虑持续或频繁发生会导致身体全面衰弱、食欲减退、睡眠不良和过度疲劳，恐惧、紧张和无助感加剧，注意力涣散，夸大自身的无能，顾虑重重，灰心丧气，有时对恐惧预期还会导致易怒和厌烦。严重的焦虑会使人失去一切希望和情趣，甚至导致心理疾病。

焦虑心理常用的应对方法有：首先，正视现实，分析引起焦虑的因素，认识自己，宽容自己，过度的忧虑常常隐藏在潜意识中，它往往是由于对某事耿耿于怀或过分自责引起的，认真分析引起焦虑的原因，正确评价自己，可以逐渐摆脱焦虑的困扰；其次，强化自我调节作用，排除情绪障碍，控制焦虑的增加，同时掌握人际交往技能，提高社会适应能力，减轻社会应激压力，也可降低焦虑、恐惧等负性情绪；再次，积极参加集体活动，交流思想感情，有利于恢复心理平衡，缓解心理压力；最后，默想法，默想自己置身于某个安静的环境，那里空气清新，色调淡雅，或依据个人生活体验，默想那些容易让人平静愉悦的情景，默想越具体越有效。此外，运用注意转移法，把引起焦虑情绪反应的注意力转移到其他事物上。有的大学生在特定的时间、地点、任务、事物面前易产生焦虑，应让注意力尽可能离开这类刺激物，尽可能从事那些转换心境的事，避免坏的想法在大脑中回旋。注意力转移的幅度越大，焦虑情绪转变的可能性也越大。

3. 抑郁心理的调适

抑郁是大学生常见的情绪困扰，表现为情绪低沉、兴趣丧失、不安或反应迟钝，做任何事都无心思，并伴有失眠、食欲减退、心跳减缓、血压降低等现象。引起大学生抑郁的原因有两个：第一，反应性抑郁，是由一定的事件（社会或心理的）引起的，生活中或学习上交往挫折引起心境的改变，如悲伤、失望、无助等强烈而持久的负性情绪破坏了感情生活的平衡，或由于自尊心受到伤害，动摇了对能力和品格的信心等；第二，体因性抑郁，是由一些身体疾病（如内分泌、大脑等）或外来有害物质（如用药后的反应）引起的。轻度抑郁情绪在大学生中表现较多，神经衰弱产生抑郁情绪的学生性格孤僻、内向、不爱说话与交往，严重影响身心健康。

抑郁心理常用的应对方法有：首先，改变生活习惯早晨早点起床，进行稍稍出汗慢跑训练，制订的计划要切实可行、留有余地，以保持对完成工作的满足感，尽量多参加讨论会、演讲会，多与充满活力的人接触，养成积极主动的习惯；其次，保持满足感，精神上要充实，物质上要简朴，怀着感激的心生活，要积极处理自己所能办到的事情，不要耽搁拖延，有效地利用笔记本把所有要办的事情记下来，逐一解决。

4. 恐惧心理的调适

恐惧心理是人面临危险而又难于立即摆脱时产生的情绪体验，适应恐惧心理是人在社交活动中产生的一种恐惧色彩的情感反应，如见到生人会脸红、害羞、说话紧张、怯于人际交往等，是大学生中常见的不良情绪。社交恐惧心理的成因：第一，产生于气质型恐惧，这种人生性孤僻、害怕与人交往，常怀有胆怯心理、谨小慎微、顾虑重重；第二，属于挫折性恐惧，由交往中受到挫折使自尊心受到较大刺激而产生，一遇到类似的社交场合就会产生恐惧心理；第三，怕在社交活动中显露自己的弱点而受到歧视，从而产生的一种自我保护性恐惧。

恐惧心理常用的应对方法有：首先，提高认识，要深刻认识到当今和未来的社会里，人际交往能力是个人在社会生活与职业工作中不可缺少的重要能力，所以要积极主动地去面对社会交往；其次，清楚自己在社交活动中恐惧的对象，认真分析产生恐惧的原因，并在后续的社交活动中提前做好心理准备，以便减轻或消除恐惧；最后，正确认识、对待自己的缺点和弱点，通过积极努力克服自身弱点，增长才干，增强社交的自信心。

5. 怯懦心理的调适

怯懦者害怕面对冲突，害怕别人不高兴，害怕丢面子，所以很多时候因为怯懦，害怕回答不好问题而影响自己在他人心目中的形象。在公平的竞争机遇面前，由于怯懦，他们常常不能充分发挥自己的才能，竞争受挫，错失发展的良机，于是产生悲观失望的情绪，导致自我评价和自信心的下降。所以，大学生要努力克服怯懦心理。

怯懦心理常用的应对方法有：首先，树立信心，积极参加集体活动并在其间发挥自己的特长，从而使自己进一步融入这一群体之中，培养自己的勇敢精神；其次，客观评价自己，相信自己的才能，多肯定自己，并用积极进取的态度看待自己的不足，减少自责和挑剔，摆脱自我束缚；最后，积极自我暗示，勇敢面对现实，可以通过默念指令性语言来增强自己的信心。

6. 冷漠心理的调适

冷漠是一种对外界刺激漠不关心、退让的反应模式。冷漠是个体受到挫折后的一种消极的情绪行为反应，通常在个体不堪承受挫折压力、攻击行为无效或无法实施，又看不到改变的可能性时产生。长期反复遭受同一挫折而又无力改变，以致长期的努力得不到相应的回报时，有些学生也会用退让、逃避、冷漠的方式进行自我保护。冷漠状态对大学生身心危害极大，是个体压抑内心愤怒情绪的表现。他们表面冷漠，内心却备受痛苦、孤独、寂寞、愤恨的煎熬，有强烈的压抑感。由于没有宣泄途径，巨大的心理压力无法释放，便会破坏心理平衡，诱发多种疾病和心理障碍。冷漠的更大问题在于可造成当事人与周围人的格格不入，得不到周围人的认可。

冷漠心理常用的调适方法有：首先，要充分认识到冷漠情绪对身心健康和个人发展的危害，不能听之任之，而要积极行动起来分析自己产生冷漠反应的原因，找出症结所在并勇敢地面对；其次，现在的生活和将来的生活都是属于自己的，要认真负责地对待；最后，对现在正在做的每一件事都要聚精会神、全神贯注，去体验去感受，克服原来被动逃避的不良习惯，积极投身于各种活动中，发展广泛的兴趣，从中体验生活的丰富多彩。只要有改变现状的愿望和行动，就一定能够摆脱冷漠的困扰，拥有充满朝气和热情的笑脸。

第二节　大学生心理健康的心理咨询及其途径

一、大学生心理咨询的认知

（一）心理咨询的原则

"与时俱进是高校心理健康服务体系较为成熟的标志，它能够根据时代的要求调整心理健康服务的内容与方式"[①]。我国高校心理咨询原则是心理咨询工作的规律概括和经验总结，也是对心理咨询工作的一般要求，对心理咨询工作具有指导意义。因此，了解心理咨询的原则，能更好地理解心理咨询的重要性，把握心理咨询的方向。心理咨询的原则主要包含以下几方面。

1. 来访者自愿性原则

来访者自愿原则是指每一次咨询都是以来访者愿意使自己有所改变为前提，咨询员不能以任何形式强迫来访者接受或维持心理咨询。来访者自愿原则是由咨询自助目标所决定的，也是由咨询的人际互动性质所决定的。因为咨询的根本目标是协助来访者自助，那么自助的前提是来访者能意识到自己的困惑或问题，有自我改变的意愿或动机，并积极主动地寻求咨询师的帮助。忽视来访者的求助意愿和动机，或违背来访者意愿的咨询将变成一种强迫性的说教，背离了咨询的意义。缺乏来访者的意愿或合作，咨询双方也难以建立良好的人际关系，而良好的人际关系又是咨询得以开展或维持的前提，而且整个咨询过程的维持和继续都受到来访者意愿的约束。

2. 整体性原则

整体性原则是指在咨询过程中，学校心理咨询人员要有整体观念，对求询者的心理问题做到全面考察，系统分析，既要重视心理活动要素的内在联系，又要考虑心理生理及社会因素的相互制约和影响，以使咨询工作准确有效，防止或克服咨询工作中的片面性。

整体性原则是系统观的体现和要求，按照系统的观点，人的心理是一个有机的整体，知、情、意、行是密切联系在一起的，心理过程、心理状态和个性心理交互影响，心理因素与生理因素也相互作用，密不可分，就个体身心因素与外部环境特别是社会环境的关系而言，也存在着彼此互为因果的错综复杂关系。因此，作为探查人的心理奥秘，帮助学生

[①] 罗晓路. 大学生心理健康教育的现状与对策 [J]. 教育研究，2018，39（01）：115.

更好地适应环境和求得发展的心理咨询工作者，应注意个体心理发展的完整性和统一性，个体身心因素与外部环境的制约性、协调性，全面考察和分析学生心理问题的形成原因及其咨询对策和措施。例如，在心理健康咨询中，要判断一个大学生是否偏离常态以及问题的成因，除了要对情绪的表现进行外部观察，对情绪的特异性和非特异性进行专门评量外，还应结合个体的认知过程、意志过程、个性特征、生理因素和应激环境等进行综合考察与分析，特别是对家庭、学校和社会交往中诱发性不良情绪的主要应激源。咨询人员更应具有清醒的和准确的把握，这样才能从整体上深刻认识求助者情绪异常的表现及成因，才能对求助者的情绪困扰与问题症结做出科学的诊断和恰当的处理。而在职业指导咨询中，不仅要考虑求助者的兴趣、能力、气质、性格等心理因素，也要考虑求助者的身体适应力与家庭条件。

3. 非指导性原则

非指导性原则是指咨询师对求助者的思想暴露和行为表现不予任何批评和是非判断，而是鼓励对方去自己判断个人的行为表现。每个人都有成长的潜能，只要人际环境适宜，他就会有效发挥自身的潜能，积极成长。心理咨询的任务就是帮助求助者创造良好的人际氛围，使其有条件自我发掘。

4. 发展性原则

发展性原则是指在心理咨询过程中，咨询人员要用发展变化的观点看待求助者的问题，不仅要在问题的分析和本质的把握中善于用发展的眼光做动态的考察，而且在问题的解决和咨询结果的预测上也要具有发展的观点。

运动、发展、变化是自然界与人类社会的普遍规律，人的心理问题也不例外。就学校心理咨询而言，求助者所反映的心理问题总有一个发生、发展的过程。在各种内容的学校心理咨询中，遵循发展性原则都是很有必要的，特别是在以发展为内容的学校心理咨询中，对这一原则更有其特殊要求。发展性原则的目的不仅在于了解个体已有的发展历程及其结果，更重要的还在于提示个体今后发展的可能性及方向，这要求咨询人员必须有较高的洞察力和预见能力，还要有对求助者的内在潜能和发展条件的准确估计。此外，还要对发展目标和发展道路有恰如其分的提示和把握，这样才能达到发展性咨询的目的。

5. 保密性原则

保密性原则是指保守求助者谈话内容的秘密，不得对外公开求助者的姓名，拒绝任何关于求助者情况的调查，尊重求助者的合理要求，这一原则包括以下内容：首先，不经过求助者本人同意，不得向其父母、老师、朋友谈及求助者的隐私；其次，不能在报刊上报道求助者隐私，若作为典型案例分析，需注意文字技巧；再次，除有关心理咨询人员外，不允许查阅心理档案；最后，除求助者触犯刑律，并经公检法认定证明外，任何机构和个人不得借阅心理档案。

保密是学校心理咨询的一项重要原则。保密既是咨询双方建立和维系信赖关系的基础，也是维系学校心理咨询工作的名声、信誉的大问题。替求助者保守秘密是维护社会伦理道德，捍卫宪法尊严和公民权利的必然要求，从道义上讲，求助者反映的隐私或缺陷既可能涉及个人今后在学校和社会中的名誉和前途，又有可能牵涉到求助者与家庭成员、学校师生和其他人的矛盾冲突，如果求助者这些深层的自我揭露得不到应有的保护和保密，就很有可能激化矛盾引起事端，甚至有可能造成求助者的绝望，对此咨询员绝不可以掉以轻心。作为学校心理咨询的专业人员应牢记个人的法律责任和义务，坚持为求助者保守秘密，尊重求助者的个人隐私或缺陷，这是学校咨询工作者一项义不容辞的义务。

6. 主体性原则

主体性原则指在咨询中要承认和尊重每个咨询对象都具有独立的价值和个人的尊严与权利。咨询老师不能替代求助者解决自己的问题，而应促使求助者的自觉、自知与自助，咨询成效的高低也以主体参与的积极性和自觉性水平为转移，咨询不能采取强制手段使求助者参与。坚持主体性原则，要求咨询师在咨询过程中必须给求助者以选择和决定的自由，协助求助者认清自己的问题，了解客观环境的障碍，从而参与解决自己的问题，求助者才能在咨询过程中逐步成长。

7. 成功感原则

心理咨询最终目标的实现与求助者在咨询者的帮助下不断获得成功有直接的关系，求助者所体验到的成功感，不仅可以减弱乃至消除其心理困扰，而且有利于恢复其自信心，形成良好的习惯咨询人员可以从以下方面落实成功感原则：首先，为求助者创设多方面的成功机会；其次，为求助者指点成功之路，鼓励求助者尝试改变自己的行为，从中体会效果；再次，培养不断鼓励自己，逐步形成积极的自我教育机制；最后，应用鼓励性评价，建立支持求助者成功的评价机制。

8. 预防重于治疗的原则

预防重于治疗的原则是指学校心理咨询老师不仅应重视求询学生心理偏常或心理障碍的诊治工作，更重要的是应重视咨询过程中心理卫生知识的宣传教育，只有把每一项工作做好，才能更好地发挥学校心理咨询在促进学生心理健康方面的作用。预防重于治疗的思想在学校心理咨询的发展过程中逐渐被人们理解和接受，人们对这个问题的意义已经有了更深刻的认识。预防重于治疗，不仅要使具有心理障碍的人得到应有的治疗，而且要让更多的学生懂得心理卫生的意义，掌握自我心理保健的方法。

（二）心理咨询的常用方法

1. 会谈法

会谈法是由心理咨询人员和求助者为特定的目的进行面对面交谈的一种方法，它包括开放式会谈和封闭式会谈。第一，开放式会谈，没有固定的结构或谈话程序，交谈双方可以自由随便地交流，最主要的优点是轻松、灵活，交谈双方易于表达真情实感，但缺点是费时、易跑题、谈话过程难以控制；第二，封闭式会谈，事先准备好提纲或问卷，交谈时严格按照固定的程序进行，这种会谈便于收集信息，省时省力，规范标准，但它比较刻板，了解问题难以深入，求助者的积极性难以发挥，运用这种方法是否能取得成功，关键在于咨询人员的会谈技巧和表达艺术，其中包括提问的技巧，倾听的艺术，沉默的使用等。

2. 测验法

测验法是凭借标准的工具对求询者的心理和行为进行比较客观的测定方法。心理测验的种类很多，就国内目前的情况来看，有多种经过修订的国外测验量表可供学校心理咨询人员选用，如临床症状自评量表（SCL–90）。

3. 个案法

个案法是通过收集某个求询者的个案资料，从而全面、深入系统地了解这个求询者心理特征的方法。个案法收集资料一般通过下列渠道：第一，求询者本身提供；第二，由求询者的家属、朋友、邻居、同学提供。与求询者有关的资料都要全面收集，尽可能不遗漏。对于个案中的重要内容，要调查核实，保证其真实性，其个人资料的主要内容包括个人成长史、身份特征、主要心理障碍、家庭背景和受教育状况、人格特征等。

（三）心理咨询的类型

大学生是有较高智力、较高文化和较高自尊的群体，他们通常有着不同于一般青年的更高的抱负和追求，面临着更高的挑战，承受着更大的心理压力和冲突。由于年龄、性别、年级、城乡等方面的不同，他们的心理问题也存在着差别。一般而言，新生主要是适应不良问题，如人际关系、学习方法等的不适应；大二学生是由日常的琐事而引发的心理矛盾；大三学生的突出问题是情感与学习问题；大四学生还有就业压力、职业选择等问题。从性别而言，男、女生的问题也有差别。男生主要表现为人际交往、恋爱、自我发展、能力培养、个性塑造、自我评价等；女生集中在人际关系问题、恋爱和情感问题、情绪问题等。从城乡生源而言，城市的学生多表现为人际关系、个性塑造、能力培养、事业发展、情感问题等；而农村的学生多集中在人际关系、自卑情绪和环境适应上。大学生心理咨询的类型主要表现为以下几方面。

第一，以教育发展为中心的咨询类型，主要包括青年期的发展目标与影响因素，家庭、学校、同辈群体和社会环境在发展中的作用，促进学生最佳发展的教育、教学方式和途径等。

第二，以校园指导为中心的咨询类型，主要包括学习困难的心理机制和对策；感知、记忆、理解、应用书本知识的科学方法和规律，良好学习习惯的培养和不良学习习惯的纠正；增强学习动机的途径和方式；学习方法的自我检查和调整；人际交往的原则和技巧；环境心理适应和自我心理调节；就业前的职业定向和准备等。

第三，以心理卫生为中心的咨询类型，主要包括影响学生心理卫生的条件和因素；不同应激源对学生心理健康的影响；心理挫折、冲突所导致的心理危机及其预防；不良习惯对学生的身心危害及矫正；青春期心理卫生的原则和对策；大学生的恋爱导向；不良性格对心理健康的影响等。

第四，以心理治疗为中心的咨询类型，主要包括大学生常见心理疾病的诊断、治疗和护理问题，如神经衰弱、强迫性神经症等神经官能症的致病因素和治疗，病态人格的治疗和矫正等。

（四）心理咨询的特点

心理咨询是通过语言、文字等媒介，协助求助者解决心理问题的过程。大学生的心理咨询具有独特的特点，具体表现为：第一，双向性，咨询作为一种特殊的过程，需要双方相互依赖，离开任何一方都构不成心理咨询过程。在咨询过程中，咨询人员起着主导作用，咨询对象（求询者）是心理咨询过程中的主体，咨询师与求助者相互影响，相互配合，使咨询活动在愉快的气氛中进行。第二，多端性，大学生的心理问题有时不能光看表面的陈述，人的心理过程和个性心理是相互联系的统一体，所以一个人的心理问题有可能是多方面认知偏差的结果。第三，社会性，人的发展受多方面因素的影响，不管是健全的心理结构，还是不良的心理品质，都是在社会环境中形成的，大学生是社会的一部分，所以具有社会性的表现。第四，反复性，任何事物的发展都是曲折的，人的心理品质的发展也是如此，心理咨询教师要看到这一点，对咨询对象的反复出现不能表现出厌恶、冷漠，更不能批评指责，要有耐心。

（五）心理咨询的作用

第一，表露心声。每个人都有表露心声的需求。当遇到高兴的事情时，希望与亲人朋友分享；当遇到困难时，希望能有人指点迷津，这些都需要通过倾诉来释放心中的压力。同学、朋友、亲人都可以成为倾诉的对象，但是当他们的一些隐私不方便与同学、朋友、亲人倾诉时，与自己没有亲缘、利害关系的心理咨询师却能耐心倾听他们的诉说，并且心理咨询师能帮助来访者分析问题，排忧解难。

第二，处理问题。人的心理问题有各种类型，不同的问题应当用不同的方法去解决。有些是与学习有关的心理问题，如学习动机、厌学情绪、考试焦虑等；有些是与自我观念有关的问题，如自卑、自恋、自傲、自尊等；有些是人际交往中产生的问题，如回避交往、交往焦虑、过分依赖等；大学生还面临恋爱问题等。诸如此类问题，若不及时解决，就会影响人的情绪，影响学生的学习和工作，甚至引发心理问题，应当通过心理咨询及时调适。

第三，交流对策。在咨询的过程中，咨询师可与求助者共同分析问题，交流解决对策。有些求助者的看法存在偏差，而咨询师作为一个旁观者，能帮助求助者分析原因，正确认识面临的问题，提出一些合理化的建议，协助求助者学会明智地处理问题，可以对来访者人格的完善和发展起到很大的促进作用。

第四，稳定情绪，促进发展。学校心理咨询的性质属于发展性咨询，它主要帮助来访者解决在成长过程中产生的各种心理问题，而不是治疗精神疾病，可以让来访者宣泄压抑的情绪，缓解紧张的情绪，放松自己的心情。

第五，促进大学生成长。大学生心理咨询不仅能协助来访者处理好当前的问题，而且能通过问题的处理提高他们的认识水平，增强其自信心，促进其身心健康发展。

二、大学生心理咨询的途径

心理咨询不是随便谈话和聊天，心理咨询作为一个完整的过程是由相互联系的步骤组成的，心理咨询操作过程包含以下几方面。

（一）构建咨询关系

良好的咨询关系是有效咨询的前提，也是贯穿整个咨询过程的一个极为重要的问题。咨询员和来访者之间建立一种坦率、信任的关系，是咨询过程中头等重要的事情，是有效咨询的前提条件。能否建立起良好的咨询关系，咨询员担负着重要的责任。因此，咨询者要做到：首先，在初次会晤时向来访者进行简明扼要的自我介绍，如姓名、工作部门，从事心理咨询工作的简历及在咨询方面的特长等，使求助者对咨询师有初步的了解而降低初次来访的不安情绪，并对咨询师产生初步的信任感，对初次来询者，还应简要介绍心理咨询的性质与原则，特别要讲明尊重隐私的保密性原则，消除求助者的戒备心理；其次，对求助者要耐心，热情友好、自然，以消除来访者首次见面的陌生感；再次，咨询师要衣着整洁，打扮得体，仪态大方，举止端庄，切忌不修边幅或浓妆艳抹；最后，细心倾听是建立良好关系的决定因素，咨询师要真诚、热情、尊重、理解，无条件地关注、接纳来访者。

（二）资料收集

临床资料是进行心理咨询工作的基本依据，没有资料或者资料不完整，心理咨询就会陷入盲目或无从着手的状态。具体的资料包括两个方面：第一，求助者的背景资料，如年龄、个人成长史、家庭、生活、学习、工作状况等，了解这些基本情况有助于分析其心理问题产生的社会背景；第二，了解求助者存在的心理问题，通过摄入性会谈等方法了解求助者的主观感受、行为表现、症状等，清楚他们当前究竟被怎样的问题困扰，问题的严重程度如何，问题持续的时间，问题产生的原因，了解求助者本人对此有无明确的意识、有无强烈的求助愿望等。

（三）诊断分析

诊断分析主要是从收集和观察到的信息中，经过排序、筛选、比较等方法，找出最重要、最有意义的资料，诊断求助者的心理问题及原因，要解决以下问题：第一，问题的类型，学习问题、婚恋问题还是自我发展的问题；第二，问题的性质，一般心理问题还是严重心理问题，是障碍性咨询还是发展性咨询；第三，问题的原因，有些求助者的问题和症状背后除了表面的原因，还有更深层次的心理问题，咨询师要透过表面现象挖掘出求助者的深层心理问题；第四，做好鉴别诊断工作，制定防止误诊的措施，判定心理问题程度的轻重，不管是心理障碍或心理疾病都可以参考心理测试的结果。

（四）咨询和治疗

咨询和治疗这一阶段主要是咨询者与求助者协商确立咨询目标，选择咨询方案，实施咨询与治疗。

（1）确立咨询目标。一般的咨询目标包含以下方面：第一，协助求助者获得准确积极的认知，激发求助者的自尊与自信；第二，协助求助者调整认知方式，重建认知结构；第三，协助求助者调整情绪，改善情绪的动力模式；第四，协助求助者采取建设性的意志行动，获得健康的行为方式和生活方式；第五，向求助者提供自我心理训练技术和方法；第六，协助求助者调整外部环境。对具体的目标而言，咨询师要在咨询实践中，在心理诊断的基础上与求助者协商，同时确立的咨询目标还应符合咨询目标有效性的要素：具体、可行、积极、可接受、属于心理学性质、可评估与多层次统一。

（2）选择咨询与治疗的方式方法。一般而言，解决求助者心理问题的方法很多，究竟选择哪一种应慎重考虑。根据求助者的情况和可供利用的客观条件，哪一种方法成功的可能性大而付出的代价小，就选哪一种。

（3）实施咨询。在确定咨询目标和方法后，咨询师要与求助者一起研究制订咨询方案。咨询方案是咨询师根据分析判断采取具体咨询措施的行动计划。方案中要明确咨询的目标、步骤，咨询活动的形式、时间安排、次数，在各个环节上所应进行的具体活动和应达到的标准及咨询中可能出现的问题和解决办法。咨询方案确定后要予以实施，既可以是指导性的建议，也可以是认识上的疏导或规劝，还可以是治疗措施的落实和逐步实施同时在咨询过程中，咨询师要鼓励、协助求助者实践新的行为，只有实践新的行为才会突破原有的行为障碍，获得积极的情绪体检，实现预定的咨询目标。

（五）结束咨询

经过系统的咨询，在求助者的问题基本解决的情况下，咨询师可以考虑结束咨询会谈，结束应逐渐进行，以免由于咨询这种特别的人际关系实施中断而造成求助者新的心理不适。在这一阶段，咨询师要向求助者指出他在咨询中已取得的成绩和进步，并指出还有哪些应注意的问题。

第三节 大学生心理健康的危机干预管理

一、心理危机的认知

危机是一种认识，当事人认为某一事件或境遇是个人的资源和应对机制所无法解决的困难。除非及时缓解，否则危机会导致当事人情感、认知和行为方面的功能失调。

危机干预是指采取某些措施来干预或改善危机情景，以防止伤害处于危机情景中的个人及其周围的人们。危机干预是以急诊访问或劝导的形式，改善那些有心理危机的人可能导致心理障碍的各种条件，以避免发生意外事故。

心理危机是当个体面对重要生活目标受到阻碍，但又无法利用现有资源和通常习惯的应对机制加以处理时产生的一种心理状态。心理危机往往是突发的，出乎人们的意料，如果不能得到及时控制和缓解，就会导致人们在认知、情感、意志和行为上出现功能失调。社会生活中的危机干预包括离家出走、抑郁状态和冲动行为等。涉及精神医学临床的危机干预包括必须紧急处置的精神科急症，如精神紊乱、意识障碍导致的各种行为危机和急性药物中毒等。

危机是指面临突然或重大生活事件，个体既不能回避又无法用常用的方法来解决问题时所表现的心理失衡状态。某一事件是否会成为危机，影响因素主要包含以下几方面：首先，个体对事件发生的意义以及事件对自己将来的影响的评价；其次，个体是否拥有一个能够为自己提供帮助的社会支持系统；最后，个体是否获得有效的应对机制，也就是个体能否从过去经验中获得解决问题的有效方法，如哭泣、愤怒、向他人倾诉等。由于个体在这三个方面可能存在着较大的差异，因此，相同的事件不一定对每个人都构成危机。

（一）心理危机的种类

第一，发展性危机。发展性危机是个人在正常成长和发展过程中，对急剧的变化或转变所产生的异常反应，如升学危机、性心理危机等，这些危机是大学生生命中必要和重大的转折点，每一次发展性危机的成功解决都是大学生走向成熟和完善的阶梯。

第二，境遇性危机。境遇性危机是指突如其来、无法预料和难以控制的心理危机，如交通事故、人质事件、自然灾害等。

第三，存在性危机。存在性危机是指人生中的一些重要事件出现问题，而导致的个人内心的冲突和焦虑，是伴随重要的人生目的、人生责任和未来发展等内部压力的冲突和焦虑的危机。

（二）心理危机的诱因

大学生心理健康的危机诱因主要包含以下方面：第一，精神疾病是导致大学生心理危机的重要因素；第二，人格成长中的挫折与早期经验不良；第三，适应困难、交往障碍与自卑；第四，学习、择业、就业压力带来的心理烦恼；第五，情感与性问题带来的心理困扰；第六，就业观念滞后，就业期望值过高；第七，社会贫富差距越来越大。

（三）心理危机的特性

大学生处在走向成熟的过渡阶段，生理方面更多具备了成人的特征，但社会阅历和经验相对不足，处理问题的社会经验和能力更是有限，这种反差的存在，使得心理危机在他们身上十分容易得到表现乃至爆发。大学生心理健康的危机特性主要包含以下几方面。

第一，突发性。危机常常是出人意料、突如其来的，具有不可控制性。

第二，紧急性。危机的出现如同急性疾病的暴发一样具有紧急性特征，它需要人们紧急应对。

第三，痛苦性。危机在事前事后给人带来的体验都是痛苦的，而且还可能涉及人的尊严的丧失。

第四，无助性。危机的降临常常使人觉得无所适从，而且，危机使得人们未来的计划受到破坏。由于心理自助能力差、社会心理支持系统不完善，危机常常使个体感到无助。

第五，危险性。危机之中隐含着危险，这种危险可能影响到人们的正常生活与交往，严重的还可能危及自己和他人的生命。

二、危机干预管理的步骤

心理危机干预就是对处于心理危机状态者采取明确有效的措施，使症状得到缓解，使心理功能恢复到危机前的水平，并获得新的应对技能，以预防将来心理危机的发生。危机干预的主要目标是降低急性、剧烈的心理危机和创伤的风险，稳定和减少危机或创伤情境的直接严重后果，促进个体从危机和创伤事件中恢复或康复，帮助的及时性、迅速性是危机干预突出特点，有效的行动是危机干预成败的关键。在大学校园内，当发现学生面临心理危机时，可采用以下方法进行危机干预。

第一，确定问题。危机干预的第一步是从求助者的立场出发，确定和理解求助者的问题。干预人员使用积极的倾听技术——同感、理解、真诚、接纳以及尊重，包括使用开放式问题，既注意求助者的语言信息，也注意其非语言信息。

第二，保证求助者安全。在危机干预过程中，干预人员应该将保证当事人安全作为首要目标，这里的安全是指尽量降低对自我和对他人的生理和心理的危险性。在干预人员的检查评估、倾听和制定行动策略的过程中，安全问题都必须给予同等的、足够的关注。

第三，给予支持和帮助。危机干预强调与当事人沟通和交流，通过语言、语调和躯体语言让求助者认识到危机干预人员是能够给予其关心和帮助的人，让求助者相信"这里有确实很关心你的人"。

第四，提出应对的方式。帮助当事人探索可以利用的替代解决方法，促使当事人积极地搜索可以获得的环境支持、可资利用的应付方式，启发其改变思维方式。当事人知道有哪些人现在或过去能关心自己，有许多可变通的应对方式可供选择。

第五，制订行动计划。帮助当事人制订短期计划，包括另外的资源，提供应付方式，确定当事人愿意采取的行动步骤。计划应该根据当事人应付能力，着重于切实可行和系统地帮助当事人解决问题。计划的制订应该与当事人合作，让他感到这是他自己的计划。制订计划的关键在于让求助者感受到他们的权利、独立和自尊没有被剥夺。

第六，得到当事人的承诺。帮助当事人像自己承诺的那样采取确定的、积极的行动步骤，这些行动步骤必须是当事人自己可以从现实的角度完成的。如果计划制订得较好，则比较容易得到承诺。在结束危机干预前，危机干预工作者应该从求助者那里得到诚实、直接和适当的承诺。

　　此外，还应该启动社会支持系统。社会支持系统主要包括来自父母及其他亲人、老师和同学，以及其他方面，如朋友和社区志愿者的支持等，这种支持不仅包括心理和情感的支持，也包括一些实质的救助行动。大学生从他人那里获得的社会支持具有可靠同盟、价值增进、陪伴支持、情感支持、亲密感和满意度等调节功能，这些功能对处于危机中的大学生具有重要作用。

第六章　大学生心理健康的课程教学及其评价

第一节　大学生心理健康课程教学的内容

心理健康教育的目的是使人们具备健康的人格，所以从一定意义上来讲，心理健康教育也就是健康人格教育。健康人格教育，是指着眼于发展受教育者人格品质的教育，宗旨是促进个体健康人格的形成，使个体的认知、情感、意志、价值观、行为均达到和谐的高层次的发展，从而最大限度地发挥其潜能，适应社会并且推动社会与之共同发展。2022年2月，《中华人民共和国教育部2022年工作要点》发布，共涉及6大类35项，其中第11条促进学生身心健康全面发展中明确提出，加强和改进学生心理健康教育工作，实施学生心理健康促进计划，做好科学识别、实时预警、专业咨询和妥善应对。

一、大学生心理健康课程教学内容的结构要素

大学生心理健康课程教学内容的结构主要包括五个基本要素，即认知经验要素、意志品质要素、情感经验要素、社会经验要素和生活经验要素。

第一，认知经验要素。大学生心理健康课程要把认知经验要素放到突出的位置，在教育活动中让学生学会正确的认知，懂得是非理性的认知，并自觉取得老师或同伴的疏导和干预，建立正确的、健康的、理性的认知，这是一个健康人最基本的条件，也是使人得到发展的最基本条件。

第二，意志品质要素。意志品质要素是人的精神力量的标志，是人取得成功的动力维持系统。学生所有的学习生活都可以有目的地进行意志品质的训练。大学生心理健康课程要结合学生日常的生活，以及各种随机发生的问题，把它们作为课程训练的内容，从而达到意志品质训练的目的。

第三，情感经验要素，这是衡量人的心理健康的重要指标，一个正常的人不仅有积极、健康的情绪，而且能自觉地调节自己的情绪，使之及时恢复正常。心理健康教育课程要通过各种活动和情景，让学生体验各种情绪反应，学会调节和合理宣泄不良情绪，建设起追求美好、追求真理的情感动力。

第四，社会经验要素。教育就是要把学生培养成为社会的人。大学生心理健康课程必

须组织学生参与社会活动，在了解社会、适应社会、服务社会中懂得热爱工作、热爱生活、热爱生命，勇于克服困难，善于与人合作，在社会活动中培养学生独立处理问题和解决问题的能力。

第五，生活经验要素。生活经验要素是现代人需要具备的要素。大学生心理健康课程要组织各种活动让学生体验生活，学会过正常、愉快的生活，学会健康的休闲生活，学会正常的消费，懂得幸福生活的不易，珍惜生活。

二、大学生心理健康课程教学的具体内容

大学生心理健康课程教学的具体内容是基于五个基本要素进行的归纳和总结，主要包括大学生心理健康课程的认知内容和大学生心理健康课程的情感体验两个方面。

（一）大学生心理健康认知教育课程的内容

认知教育课程组成了心理健康教育课程的知识教育部分，主要是通过心理健康系列知识的教育，使学生掌握相关的知识，形成心理健康的意识。

1. 核心知识教育

心理健康核心知识教育课程是对学生进行心理健康教育与思想道德教育，培养学生健康的心理和思想道德素质，树立正确的世界观、人生观和价值观，促进学生身心的健康发展。思想道德教育的目的是使大学生树立合理的道德观，正确处理个人利益与社会利益的关系，树立义利统一的价值观，提倡在不同的利益追求发生矛盾时，做出把国家利益和人民的利益放在首位的价值选择，强调国家、人民利益和个人利益在根本上是一致的。与此同时，深入倡导正确的荣辱观，对大学生进行人生态度的教育，培养学生良好的道德情感，树立坚定的道德信念，养成符合社会利益与公众生活准则的道德习惯。

2. 基础性知识教育

对学生进行心理健康基础性知识的教育，增加学生的心理学知识基础，帮助学生正确认识自己身心发展的基本规律和自己所处的心理发展阶段，提高学生对自身心理的认识能力和心理调适能力，自觉地调整自己的心理状态，促进自身的身心健康。基础性知识教育的内容包括普通心理学、青年心理学、社会心理学方面的知识，主要是对外界事物的认知和对自我的认知，即自我意识。对外界事物的认知主要是培养学生的组织、猎取、判断和利用各种数据、信息资料的能力；自我认知教育应使学生对自己的需要、能力、思维方式有一个正确的认识，其目的是使学生认识到自我的需求，自我存在的价值，提高自我评价、自我调控能力，从而促进学生健康人格的发展。

3. 拓展性知识教育

拓展性知识教育是给学生传授心理健康拓展性知识，它是通过开设人文素质类课程来实现的。人文素质对提高学生的心理素质有重要作用，而心理健康教育的新趋势是发展性心理辅导。人的心理发展不是一个孤立的行为和过程，人的成长既与遗传因素有关，更与后天的社会和环境因素有关，人的心理健康状况也不是孤立的，它与人的知识结构、人生态度等紧密联系。人文素养包括内在的人文精神和外在的行为显现两个方面，内在的人文精神包括人类应有的尊严，人与人之间的理解和宽容，人与社会之间的自由和责任、权利和义务以及对人类与自然的关爱之心；外在的行为显现要求大学生的行为符合社会对自己的角色期望，言谈举止文明高雅、文质彬彬，体现出新时代的风采。因此，在进行心理健康教育的过程中，加强学生的人文素质教育，具有良好的促进作用。心理健康教育拓展性知识教育主要包括人际关系、社交礼仪、美育等方面知识的教育。

总而言之，心理健康核心知识教育、基础性知识教育与拓展性知识教育是三个相对独立的系统，又相互联系组成一个整体。核心知识教育处于核心部分，它是心理健康教育最直接的部分；基础性知识教育处于中间部分，对心理健康教育的效果产生很大的影响；拓展性知识教育处于认知教育的最外围，这三个子系统通过提供心理健康教育的知识教育，为学生心理健康打下坚实的知识基础。

（二）心理健康课程教学的情感体验

健康情感教育的内容主要是使学生的情绪变化做到目标适宜，方式恰当，反应适度，并以积极情绪为主。情绪教育不是要设法消除、压抑学生的情绪，而是使学生学会正确表达情绪，合理宣泄情绪，有效调控情绪，保持愉悦的情绪主旋律。

1. 情绪体验

情绪是指在某种事件或情境的影响下，在一定时间内所产生的某种情绪。典型的情绪状态包括心境、激情和应激三种。

第一，心境是一种比较微弱而持久的情绪状态，心境具有弥散性，它使个体对所有事物都有同样的态度体验。心境强度不是很强，但持续时间相当长。心境对人的影响很大，如林黛玉就是长期处于一种消极的心境中。

第二，激情是一种爆发性的、强烈而短暂的情绪状态，它通常是由个人生活或工作中的重大事件所引发的。激情持续时间不长，但强度很大。激情状态能使人的认识范围缩小，分析能力受到抑制，自我控制能力减弱等。从这种意义上而言，激情应该控制，但是也有积极的激情存在，如果没有激情状态，运动员就不可能有超水平的发挥。激情状态往往伴随着一些生理变化和明显的外部行为表现。

第三，应激是指人对某种意外的环境刺激所做出的适应性的反应。应激状态的产生与人面临的情境以及人对自己能力的估计有关。人在应激状态下通常有两种表现：一种为突如其来的刺激所笼罩，目瞪口呆，手足无措，语无伦次，陷入一片混乱之中；另一种在突如其来的事件面前，清醒冷静，急中生智，当机立断，在这种情况下，人们往往会做出平时根本做不到的事情。一个人在应激状态下的反应与其所具有的类似经验、人格特点、意志品质等都有密切的关系。

2. 情感体验

情感通常与人的社会性需要相联系，高级的社会情感包括道德感、理智感和美感。首先，道德感是根据一定的道德标准评价人的思想、意图和行为时所产生的主观体验，道德有社会历史制约性，同一件事情可能引起人们不同的道德情感体验；其次，理智感是个体在智力活动中，认识和评价事物时产生的情感体验，如解决问题后的喜悦之感，为真理献身的自豪感等都属于理智感；最后，美感是指个体根据一定的审美标准评价事物时所产生的情感体验，人们的审美标准既反映事物的客观属性，又受个人的思想观点和价值观念的影响，不同文化背景下，不同民族的人对事物的评价既有共同点，也有不同的地方。根据学生的生理和心理特点，情感体验教育应从以下几方面展开：

第一，提高情感的自我认知、表达、调控和自我激励能力。情感体验应帮助学生学会认识和表达自己的情绪和情感，为感知他人的情绪和情感做准备，对学生进行情感觉知和表达能力的训练，使其学会控制和调节自己的情绪，形成健全人格，可以采取诸如敏感性训练、自我觉知训练、自我表达训练、放松训练等训练项目。

第二，提高对他人情感识别、理解的能力和人际交往能力。提高学生对他人情感识别、理解和人际交往能力，是为了使其学会与人沟通、交流、合作、分享，建立良好的人际关系和感染、带动他人。通过对他人情绪和情感的识别与理解，建立良好的人际关系，学会处理人际互动中的各种问题，如解决冲突，礼让、尊重他人，竞争与合作等；通过指导，培养锻炼他们的交往技能，帮助其掌握各种交往策略，使其在同伴团体中学会交往，发展社会性情感。

第三，发展社会性情感。培养学生的社会性情感应被视为非常重要的任务，人毕竟生活在社会里，人的崇高性也体现在这里。社会性情感包括自尊、道德感、美感等高级情感（又称情操），这四个方面最后都指向整个教育目标的完成，指向健全人格和人的幸福。反之，如果一个人的情感品质得不到发展，只停留在自然的和习俗的水平上，那么他就会渐渐失去求知的渴望、道德的良知和审美的情趣，身心也不会健康。

三、心理健康课程教学内容的组织方式

第一，逻辑式组织。由于学生的心理发展是一个由简单到复杂、由具体到抽象、由低级到高级、由他律到自律的自组织过程，既有连续性，又有阶段性，因此，教学内容的组织应适应这一规律，注重逻辑性，由易到难，由浅入深，有条不紊，纲目井然，宜采用螺旋式上升的形式来组织心理健康教育内容。不同年龄段、不同年级学生的心理发展水平不同，教学内容的难易度和侧重点也应有所区别。

第二，心理式组织。心理式组织是以学生在学习、生活、成长过程中所发生的心理现象来组织教学内容，也就是按学生心理发展的各个类别顺序来组织，这种组织方式是以学生为本位，注重学生的兴趣与需求。学生需要认识顺序，做到了解自我、认识自我、悦纳自我、欣赏自我、完善自我、实现自我；认识家庭、认识环境、认识学校、认识班级、认识社会、认识国家、认识世界。学生心理发展的类别顺序具体包含以下几方面：首先，明确学习能力顺序：智力（注意力、观察力、记忆力、想象力、思维力）；非智力（动机、兴趣、情绪情感、意志、性格）；其次，注意人际交往顺序：礼貌、交友、合群、乐群、友情；再次，掌握情绪情感顺序：体验、感受、意识、反应、调节、控制；最后，社会适应顺序：在参与社会活动中接受自己、减少对父母和长辈的依赖、建立独立处理问题的自主自信能力、分析自我选择职业、培养有社会责任感的言行、建立科学的世界观和人生观及价值观。

一般而言，心理健康教育课程的教学内容应采取折中式组织，也就是调和上述两种组织方式，选取它们的优点，两种组织方式的比例不是机械的、固定的，而应根据不同年级的学生有所侧重。

第二节　大学生心理健康课程的教学组织

一、大学生心理健康教育课程教学理念

学校的心理健康教育是一项系统工程，加强心理健康教育课程教学设计，提高心理健康课堂教学实效是实现这项系统工作的主要途径之一。在学校心理健康教育课程的设计中，要根据教育的特殊目标和教学任务的特点，选择最适合的心理健康教育方法，重点在于激发、促进、辅助学生的学习，并通过评价、反馈等手段，强化学生的学习和改进课堂教学，

从而让每个学生都处于教育优势之中，享有同样机会去发挥和完善自己的才能。学校心理健康教育课程能否在实践中顺利实施，在很大程度上取决于对学校心理健康教育工作的定位。实施学校心理健康教育课程教学，应该突破传统的认知模式和教学方式，代之以开放性、建构性和创造性的教学新理念。

第一，重新定位心理健康教育的价值取向。由重障碍排除、重差错矫正的教育模式转变为重发展、重预防的教育模式；由服务于少数人转为面向多数人；由消除心理障碍为目的转变为促进心理发展为目的。树立一种真正意义上的心理健康教育理念，以全面推进学校的素质教育。

第二，打通心理健康教育的课堂主渠道。营造轻松愉悦和富有安全感、成熟感的课堂心理氛围，建立民主平等的师生关系。运用多种适合学生的教育策略方法，潜移默化地对学生施加积极健康的心理影响。

第三，以充分开放的课堂教学接纳学生。首先，师生关系的开放，人格上建立一种民主、平等、和谐的师生交往关系，视教学的需要而调整和转换角色，教师可以是指导者、学习者，也可以是兄长、朋友；其次，教学空间的开放，教学空间可以由课内向课外乃至校外延伸，变固定空间为弹性空间；最后，教学过程的开放。以学生的课堂表现、课堂需要作为教师调整课堂教学的基本依据，教学全程是动态的、发展的。

第四，探寻建构式教学的新型教学观和教学方式。鼓励学生主动参与，主动探索，积极主动地获取有关心理健康的知识，提高心理素质，以适应学生的认知方式，满足其求知探究的进取精神，这是心理健康教育课程设计的主要目标。

第五，通过创造性教学全面提高学生的素质。教师要留给学生以广阔的思维空间，鼓励学生新颖的创意，尊重学生的不同意见。与此同时，注意教学内容的组织，运用变式教学，激发学生的学习动机和学习兴趣。特别要从提高学生认识、情感与行为技能的角度设计教学活动，强调学生的主体地位与主体需要，通过课堂教学促进学生潜能的开发、创造性的培养。在以创新教育为主的现代教学中，更应以培养学生的创新精神和实践能力为重点，这是学校心理健康教育课程设计的基本出发点。

二、大学生心理健康课程的组织体系

（一）大学生心理健康课程的组织目标

心理素质是人的最基本素质，具有健康的心理素质是现代社会对人的一项基本要求，这决定了大学生心理健康课程的组织目标应该是紧紧围绕学生的身心特点、生活环境、常见的重大发展事件以及常见心理疾病展开阐述和操作，提供科学、有效、实用的心理学技术与方法，提高学生的自制力，促进学生的心理成长与潜能开发，增进学生的社会适应能力，健全学生的人格，从而在总体上提高学生的心理素质并维护其心理健康。由此可见，课程的直接目标是提高全体学生的心理素质，最终目标是促进学生人格的健全发展。心理健康教育课堂教学具有举足轻重的地位，但心理健康教育课堂教学不同于一般的知识、技能型的传授课，而是一种以体验性学习为主的教学。

（二）大学生心理健康课程的组织原则

大学生心理健康课程的组织原则包含以下方面，如图 6-1 所示。

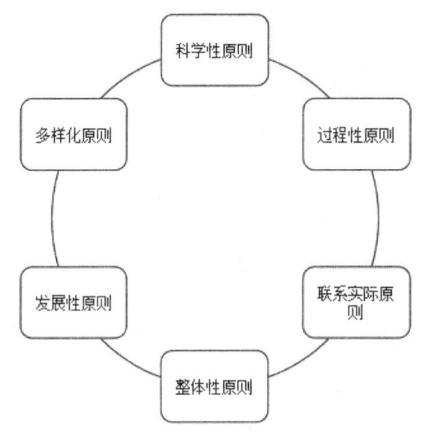

图 6-1 大学生心理健康课程的组织原则

第一，科学性原则，指课程内容的科学性和解决问题过程的态度与方式方法的科学性，这就要求教师要深入钻研教育心理科学的理论知识并能在课堂教学中准确无误地传授给学生，同时以客观、实事求是的科学态度对待学生的心理健康和心理行为问题。

第二，过程性原则，指教学应能使学生通过参加探究心理活动过程，经历观察心理现象，提出心理问题；通过对设计活动情景的感知与体验，解决心理疑惑或排除心理障碍，最终以积极而自觉的姿态参加各种心理培训活动，将自我充分放开，自由表达，尽情宣泄，充分发挥其主体作用。

第三，联系实际原则，指课堂教学中要紧密联系学生自身实际，要让学生学会了解自己、认识自我，在活动中不断找出自己与别人的心理差距，主动制定目标，促使自己学会正确思考，塑造健全人格。要特别注重选取贴近学生校园生活的热点和难点问题来组织教学材料，学生们往往对发生在自己身边或现实生活中的事情十分感兴趣，教师在设计教学活动时，如能将学生学习、生活中的典型事例作为教学内容的材料运用到心理健康课堂教学上，能够激发起学生强烈的心理体验。

第四，整体性原则，它包含两重含义：第一，指学校心理健康课堂教学与整个心理科学的理论知识教学是一个整体，教学中应做到有机结合，相互促进；第二，学校心理健康课堂教学应以促进全体学生在知识与技能、过程与方法及情感态度、价值观方面的全面发展为教学的基本宗旨，以帮助学生改善心理机能、提高心理素质和预防心理障碍发生为基本任务。

第五，发展性原则，指学校心理健康教育课程要以学生的发展为本，应注重学生心理素质的发展，为学生个性化的多方面潜能发展创造良好的心理氛围和条件。教师要善于发现学生个体的独特性并引导学生个体独特性健康发展，进而促进其心理素质不断提高。

第六，多样化原则，强调心理健康课堂教学在主题鲜明、教师主导、学生自主的活动中培养学生良好的心理素质。教师在课堂教学中要充分运用实物直观、模像直观、语言直观及多媒体等多样化的手段和形式，使学生在愉悦的心境中掌握心理健康知识，接受心理健康教育。

（三）大学生心理健康课程的组织方法

大学生心理健康教育课程教学主要是通过教师与学生共同活动来进行的，其最大特点是"以体验性学习为主的教育"。因此，学校心理健康教育课程的教学设计必须以充分发挥学生个体的"感受"和"体验"为基础，从而促进学生的自我认知、自我成长，提高其心理品质，以达到课堂教学的目的。大学生心理健康教育课程的组织方法，主要包含以下几方面。

第一，讲授讲解法，这种方法可以最大限度地直接为学生展示大量信息，一般是在参与讨论或回答学生提出问题的同时向学生介绍信息，这种方法意味着教师要尽可能地熟悉心理健康教育课程每个章节的内容，其基本要领是将最为需要的观点摆在开始和结束时加以强化。

第二，小团体分组讨论法，这是学生心理健康教学从开始至结束的最为标准的教学策略，具体分成几个小组或以班级为团体单位围坐成一圈以营造一种团结、亲密的氛围。教师的主要角色和职责就是通过一些身体知觉练习等手段激发其参与讨论的欲望，并留有足够的时间评价和总结，使之从中受益。

第三，扮演宣泄法，这是一种通过行为模仿或行为替代的方式来影响个体心理过程的教学方法，即让学生以一种类似游戏的方式，表演出自己的心理或行为问题，进而起到增进自我认识、减轻或消除心理问题、发展心理素质的作用。

第四，配对交流法，这是将学生置于自身之外并与他人交流的一种方法。教师在课堂上可多采用配对交流方式，使得每个人都有机会让别人倾听自己的心声，鼓励学生积极参与，并结合非言语交流形式激发学生配对讨论交流的愿望。

第五，指导性想象法，这种方法非常有助于帮助学生参与放松，使他们成熟地看清价值和期待，或者在一些假设的情景中观察自己。同时一定要让他们发表自己对练习的体会，如感觉如何，可以通过两人小组或小组讨论完成。

第六，认知感悟法。由于学生认知感悟能力强，此种方法也是效果比较好的常用操作方法，主要是依靠学生感知、想象和思维等自我认知活动来达到教学目标，具体形式有阅读、讲故事、多媒体教学、艺术欣赏、认知改变、参观访问及案例分析等。

第七，行为改变法，其理论依据是行为主义关于行为强化的学习理论，根据这种理论，通过奖惩、示范、行为训练等强化手段来建立某种新的良好行为，或者消除某种不良行为。

第八，即兴演讲法。基于学生的能力素质，演讲是对学生进行自我教育的一种有效形式。让学生取材于教材内容或现实生活中的热点问题在课堂上即兴演讲，既能锻炼学生的口头表达能力与创新能力，又能使自己和其他学生受到教育，这也是素质教育的充分体现。

心理健康教育的课程建设任重道远，要制定一个具有科学性和权威性的心理健康教育组织方法，以促进心理健康教育规范化。要根据学生的特点有针对性地开设心理健康教育课程，系统地进行心理健康教育课程建设，通过心理课程的讲解，普及心理健康教育知识，了解学生的心理发展特点和规律，使之提高自我意识和自我改进的能力。同时，在课程实施中辅之以心理训练和心理辅导，以满足学生成长发展的需要，促进他们在学习、生活、交际和环境适应方面发挥内在潜力，走向成熟和成功。

（四）大学生心理健康课程的组织改革

第一，采用体验式的教学方法，提高心理课的趣味性。大学生心理健康教育课程教学标准着重强调了要使学生在课堂中要积极地参与，如在讲解情绪的内容时，教师可以设计情绪诱导实验，让学生了解负面情绪对人际关系的影响。学生参与到教师所设定的情境中，可以设身处地地理解情绪对身边人和事的影响。因此，学生在日后的实际交往中，可以及时地调控自身的情绪。教师通过采用体验式的教学方法，来提高学生学习心理健康课程的趣味性。

第二，以解决大学生群体常见的心理问题为授课内容，提高心理课程的实效性。在大学生心理健康教育课程中，教师应鼓励学生对课程内容进行主动的思考，引导学生关注生活中的相关内容，发现问题、提出问题，然后教师在课堂中对学生提出的问题进行讲解；

教师在授课前，对学生群体所存在的主要心理问题进行了解，在授课过程中，采用一定的心理技巧让学生自我认知、自我探索，对探索到的问题及时向授课教师反馈，然后教师给予有针对性的解答，对有代表性的心理压力和心理困惑给予疏导。从而提高课堂教学对解决大学生心理健康问题的实效性。

第三，优化课程设计，丰富教学载体，提高大学生学习的积极性。"丰富教学载体，在课程安排中增加学生课外活动和课后实践的内容，可以有效地使课后实践活动来辅助课堂教学，从而对课堂教学的内容进行补充"[1]。在授课过程中，教师可以根据不同的章节来设计不同的载体。例如，教师可以选某个授课内容为主题开展心理情景剧的微电影比赛，让学生根据实际生活和当代大学生可能出现的相关心理问题来制作微电影或者情景剧，将大学生的心理健康教育课程与实际生活相结合，不但能调动大学生学习心理课的主动性和积极性，而且令心理学知识变得更加生动，使记忆更加深刻。

第三节 大学生心理健康课程评价及方法

一、大学生心理健康课程评价的原则

制定大学生心理教育课程有效性评价标准所遵循的原则主要包含以下方面，如图 6-2 所示。

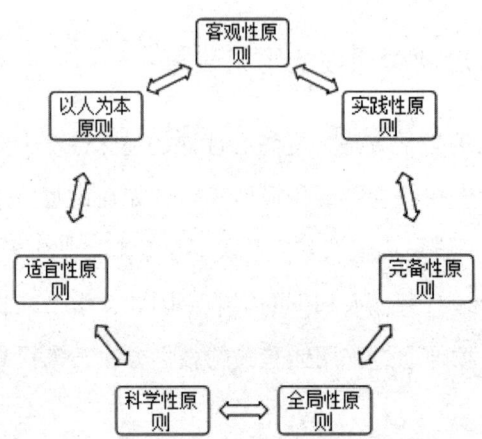

图 6-2 大学生心理健康课程评价的原则

---

① 齐艳波，杨鑫，王芳. 大学生心理健康课程建设与改革路径探析 [J]. 课程教育研究，2019（20）：40.

1. 客观性原则

在进行评价时，必须设定客观的评价标准和明确清晰的评价步骤，必须以清晰的信息资料为基础，对大学生心理健康教育课程进行客观的、实事求是的价值判断，不应以个人主观的感受或者以他人评价结果的影响等来进行随意的评价。如果评价是客观的，就能很好地发挥评价的激励功能。要做到大学生心理健康教育课程评价的客观性原则，首先，要全面收集资料，广泛听取意见，确保评价信息来源的客观性；其次，在整理资料时，不要任意夸大客观事实；再次，在分析资料时，要努力排除个人偏见或者个人情感因素的干扰，以客观事实为基础去分析问题；最后，在做出评价结论时，要防止主观想法干扰客观测量。"在评价中，应当以一种发展的眼光看待心理健康教育的绩效，充分注意被评对象的发展变化，随着时间和环境的变化给予切合实际的评价。"① 心理健康教育的成效，短期内是难以显现的，它有一个持续的发展过程。因此，评价时，既要重视当前的工作，也应看到发展的可能性和潜力。如果能把静态评价和动态评价结合起来，这样评价的价值就更大，可以促进心理健康工作的发展。

2. 实践性原则

实践性原则是指评价体系在实践时行得通，评价指标和标准符合实际、具体可行，并能被评价者和被评价者理解和承认。此外，评价应该与当时、当地的主客观条件相适应，便于人们掌握，有实行的可能。可行性原则要求在制订评价方案、确定评价对象、建立指标体系、实践操作时，都要从实际出发，从可行性的角度出发来组织评价工作。对心理健康教育课程而言，该课程的目标是提高学生心理素质和心理健康水平，具体评价该课程时，应该进行指标分解和细化。

3. 完备性原则

评价的完备性原则主要体现在：首先，评价过程和准则的制定是共同分担的责任，不是由某一方单独确定，评价要尽可能结合学校和课堂；其次，评价持续要考虑到学生、教师以及其他教育人员之间的公平性；最后，课程评价是教学、课程、方案设计、学校与部门的改进、专业发展及其他计划活动的有机组成部分，同时也是一个独立的领域。

4. 全局性原则

全局性原则是指在进行大学生心理健康教育课程评价时要对组成评价对象的各个因素进行不同侧面、不同水平的全方位评价，不能以偏概全、以局部代整体。与此同时，学校心理健康教育课程的评价不仅要有行政领导、同行和专家来参加，还要有被评者参加，进行全局性的评价。心理健康教育课程的评价不仅仅是给被评者下一个定论，贴上一个标

---

① 张琴. 构建大学生心理健康教育课程评价标准研究 [D]. 成都：四川师范大学，2013.

签，更重要的是通过评价改进教职工的工作。离开被评者的积极参加，评价就失去了意义。被评者的自我认识和自我评价是保证全面、公正地进行评价的一个不可缺少的因素。没有被评者提供对自己工作和表现的信息和看法，评价就失去了一个重要依据，评价的客观性和公正性就难以得到保证。

5. 科学性原则

科学性原则是指课程评价的设计及指标体系应该科学地、客观地反映大学生心理健康教育的客观规律。同时，也应经得起教育改革和发展实践的检验。从合格意义上讲，课程评价应该是准确的、规范的和合理的。要做到科学性原则，首先，要遵循课程评价的客观规律，按照课程评价活动的客观规律开展评价活动才能得到正确的结论，要认真研究课程评价理论；其次，要构建一个科学合理的课程评价体系，选用恰当的评价方法、手段和技术；最后，在评价过程中，要严肃认真，要有严谨的科学态度和不怕麻烦、一丝不苟的作风。

6. 适宜性原则

评价的适宜性原则主要表现在：首先，评价应当适合课程标准或教育大纲规定的预期结果；其次，评价应当适合教学改革和发展的需要，并向学生、家长、教师及教与学的行动做出反馈；最后，评价应当适合各方人员信息的可信性。

7. 以人为本原则

评价的以人为本原则主要体现在：首先，评价的执行要尊重个人与群体（教师和学生等）的合理性需求，并能充分地发挥评价各方的自主性；其次，评价应当把学生看作是评价过程的主动参与者，保证学生在评价中有充分的发言权；最后，评价应当促进教师的自我评价与对实践活动的反思，尊重和促进教师的专业成长。

二、大学生心理健康课程评价的范围

在分析了大学生心理健康课程评价所遵循的评价模式的基础上，在哪些方面对课程进行评价是制定标准的关键和核心。从课程评价的定义上而言，课程评价的过程实际上是指对课程的目标、课程的实施、课程的结果等有关问题做出价值判断并寻求改进的一种过程。那么需要对课程的整个环节，从课程的目标、教学计划的实施和课程效果进行评价，也要对影响课堂教学的课程目标、教师素质、教材、教学方法、师生关系、等进行评价。

（一）课程目标

大学生心理健康课程目标主要依据《普通高等学校大学生心理健康工作实施纲要》中的精神来制定，纲要中明确指出了大学生心理健康教育工作的目标和任务："根据大学生的心理特点，有针对性地将手心理健康知识，开展辅导或咨询活动，帮助大学生树立心理健康意识，优化心理品质增强心理调适能力和社会生活的适应能力，预防和缓解心理问题；帮助他们处理好环境适应、自我管理、学习成才、人际交往、交友恋爱、求职择业、人格发展和情绪调节等方面的困惑，提高心理健康水平，促进德、智、体、美、劳等方面全面发展。"具体而言，大学生心理健康教育的目标主要包含以下几方面。

第一，以掌握心理健康知识提高心理健康水平为目的的知识性目标，宣传普及心理健康的科学知识，使大学生认识到心理健康的重要作用，意识到心理健康对成长的重要意义，树立健康的心理意识。

第二，以培养技能技巧为目的的应用性目标，培养心理调适的技能，为维护心理健康提供有效的帮助，提高承受心理压力的能力和社会生活的适应能力。

第三，以识别为目的的工具性目标，认识和识别心理异常现象，预防和缓解心理问题。

第四，根据大学生活的不同年级、不同专业，不同层次的各类各级学生以及特殊群体学生的心理特点，有目的有针对性地实施心理健康教育。

（二）教师素质

教师素质包括道德、教育理念、教师的权威、知识结构、能力结构等方面。对于大学生心理健康教育课程，教师的素质要求又有其特殊性，具体包含以下几方面。

第一，心理健康教育课程教师要具有积极的信念，教师要具备积极的信念才能将这种信念贯穿在整个教学活动中，让学生感受到正能量，形成一种积极的乐观向上的教学氛围。

第二，心理健康教育课程教师的教育理念是应该注重以人为本的教育理念，将是否了解每个学生的心理需求和主观价值，以全体学生为范围，对每个学生的身心进行研究作为目标开展教学活动。

第三，在教师的教法上要注重启发和引导，鉴于心理健康教育课程的实践性和互动性要把注意力放在启发和引导学生上，而不是在"教"上，引导学生自己解决问题，而不是教师解决学生问题；教师要起到监控、启发和点拨的作用。

第四，教师要和学生建立平等和谐的关系，大学心理健康教育课程的主要目的在于帮助大学生解决心理问题，因此，教师要和学生加强交流，了解学生的情况，只有这样才能有效地帮助学生克服心理问题，和谐的师生关系对于这门课程的效果十分关键。心理素质训练课要求教师必须以民主、宽容、尊重和信任的态度去对待每位学生，使学生在被尊重、信任和理解的氛围中认识自己，并发挥自己的潜能，克服心理困扰或疾患，提高心理健康和心理素质水平。

（三）教材

关于教材的定义很多，比较常用的有两种：一是根据一定学科的任务编选和组织具有一定范围和深度的知识和技能的体系，它一般以教科书的具体形式来具体反映；二是教师指导学生学习的一切教学材料，包括教科书、讲义、讲授提纲、参考书、辅导材料及教学辅导材料。任何一本教材都必须遵循以下原则：首先，教材应当体现学科体系、社会需求和学生发展的统一；其次，体现知识传递、能力训练和思想教育的整合；最后，要按照学生心理发展的特点组织教材内容。

对于大学心理健康课程的教材而言，大学心理健康教材应当体现如下基本原则：首先，科学性，有关心理学和大学生心理与教育的基本理念、原理、方法的介绍力求正确规范；其次，时代性，尽量结合当前我国社会的变革背景和当代大学的实际心理问题进行分析和阐述，选取的大学生心理故事和案例应当具有典型性；再次，应用性，在内容选择上，强调给大学生介绍实用的心理学知识和方法，社会和呈现大量的大学生可以认识自我的心理测查工具和活动；最后，人文性，从大学生的心理需要出发，开阔大学生的心理视野，以健康快乐地学习和生活的心理与行为导向，为大学生关注自己、自主解决心理发展中的问题提供帮助。

（四）教学方法

教学方法是师生在教与学双边活动过程中为有效地完成一定的教学目的和任务所采用的方式和手段的总称，它主要解决教师怎么教以及教师指导学生怎么学的问题，是教授方法和学习方法的有效组合。教学方法通常分为：第一，语言性教学方法，包括讲授法、谈话法、读书指导法；第二，直观性教学方法，包括演示法，参观法；第三，实践性教学方法，包括实验法、实习法和练习法；第四，研究性教学方法，包括讨论法、发现法等。在大学心理健康教育课程中，这四类方法被广泛应用于教学中。

由于大学生心理健康教育课程本身的特殊性，其教学目标不是为了单纯的传授心理健康知识，而是要根据大学生心身特点，提高学生的心理素质和心理健康水平，有一定的对心理疾病的识别能力，并具有心理辅导和心理危机干预的功能。由于课程性质和课程目标的特殊性，赋予了大学生心理健康课程的教学方法传统的教学方法具有显著的不同，需要进一步的创新。在教学方法上应该而言不拘泥于一个固定的框架，应根据所要传授的知识点或是所以达到的预期教学目的开展形式多样，有实效的教学法。因此，有很多心理健康课程的老师探索出了有一定特色且实用的教学法，如角色扮演法、游戏法、个案分析法、价值观辨析法、行为强化法等。

（五）师生关系

教师和学生是贯穿在教育过程中的两个基本要素，师生关系是教育过程中人与人关系中最基本、最主要的方面，师生关系指师生之间在教育过程中所发生的直接交往和联系，包括为完成教育任务而发生的工作关系，以满足交往而形成的人际关系，以组织结构形式表现得组织关系，以情感认识等交往为表现形式的心理关系。大学生心理健康课程的教学关系中，师生关系尤为重要。除了传统的师生教育关系、师生人际关系、师生社会关系、师生情感关系之外，师生之间平等、开放、交往和互动被看作影响大学生心理健康课程教学有效性的一个关键因素。

三、大学生心理健康课程评价的方法

完整的大学生心理健康课程评价可分为既相互联系又相互区别的三种类型：起始评价、过程评价和终结评价。首先，起始评价，指在教学活动开始之前进行的教育心理评价，它的主要任务是评价学生进入新的教学活动前所具有的前提条件如何，包括对学生的个性特点、各种优缺点、各种心理或行为问题类型等的识别，其目的是把握学生所具有的不同学习准备状态，就能力、兴趣、性格和心理问题对学生进行定性和定量评估，制定相应的教学策略和教学方法，起始评价所得的资料可作为教学设计的参考，也可作为评价课程教学效果的依据；其次，过程评价，指在课程进行过程中实施的评价，其目的是收集有关学生与教学活动的信息，从而为课程的调整提供及时的反馈信息；最后，终结评价，指一门课程结束或一个教学方案结束时所进行的结果评定，包括评定学生的进步和评定教学方案的有效性。

大学生心理健康课程评价的方法主要包含以下几方面。

第一，行为计量法。行为计量法是指要求全体学生自己观察和记录某些行为出现的次数，或者请学生之间以及与学生有密切关系的他人观察和记录学生的行为，以评价学生的行为是否改变。行为计量法可以用来记录外显行为、情绪、思维等，记录的方法可以用表格或图示的形式。行为计量法的优点在于：首先，具体而且有可操作性；其次，记录的过程是学生自我监督的过程，有助于学生改变非适应性行为。

第二，问卷测试法。问卷测试法是对学校心理健康教育评价的主要方法，这种方法便于操作。例如，要评价一个班开设心理健康教育课程后的效果，可通过向全班同学施测，以及向班主任或任课教师发放问卷，了解情况，形成阶段性的心理报告单，这个报告单采用描述性语言记录学生该阶段的心理状况（包括学习心理、个性品质等），以此而言明学生该阶段心理状况，便于以后做比较。也可以利用回馈单的形式，通过开放式问卷和师生访谈的形式进行。

第三，访谈法。访谈法不适合大规模的评价，它是为了更深入地了解和分析某些特殊的评价对象而采用的方法，如对有心理困扰和心理障碍的学生，可以访谈学生本人及其同学、任课教师和家长，从而全面了解其情况。

第四，比较法。比较法是指通过比较而进行的评价，它既适合群体也适合个体。例如，比较学生在心理健康教育课前后的心理特点是否存在差异。

第五，情景性评价法。情景性评价是指设计与学生学习和生活相关的活动场景，使其在较为自然的状态下表达自己的内心世界，从而对学生的心理成长状况进行评价。

第六，表现性评价法。表现性评价法通常要求学生在某种特定的真实或模拟情景中，运用先前所获得的知识完成某项任务或解决某个问题，以考察学生知识与技能的掌握程度，或者问题解决、交流合作和批判性思考等多种复杂能力的发展状况，它强调创设真实情景，即便是模拟情景，也必须能激发学生与在真实情景中相似的反应，以考察学生在现实生活中分析问题和解决问题能力。

表现性评价给教和学带来较大的进步，给教师、学生和决策者带来许多收获：首先，对学生的能力进行更为完整的描述；其次，教师将有更多的机会参与到学业评定过程中去，并把它直接与教和学联系起来；再次，给学生带来取得更好成绩的动力；最后，将会得到家长的理解和欣赏。表现性评价往往具有以下特点，见表6-1：

表6-1　表现性评价的特点

类别	特点
评价目的方面	侧重于学生在真实情景中的表现程度
评价功能方面	侧重于贯彻素质教育的精神和以学生发展为本的思想，旨在促进学生的学习和发展
评价原则方面	突出学科的特点，注重学生的发展全程，注重学生个性差异和发展差异、注重综合能力的评价，注重学生的自评和互评
评价标准方面	侧重于从学生的艺术能力、人文素养以及综合能力的提高等多角度进行评价

类别	特点
评价内容方面	注重音乐与学生的生活、情感的关系以及社会文化、科技等方面的联系，站在整体、全面、全程的视角，涵盖音乐学习的各个层面和教学的各个领域，如过程与方法，知识与技能，情感、态度与价值观等各个方面都是发展性学生评价的内容，并且受到同等的重视
评价主体方面	侧重于形成学生、教师、家长等多主体共同参与、交互作用的结合，不仅强调共性和一般趋势，更注重学生、教师、学校的个性发展和个体间的差异性
评价方法方面	侧重于改变传统评价方法的单调性，以及过于关注量化评价和传统的学业考试成绩的状况，倡导运用多种评价方法、评价手段和评价工具，综合评价学生的情感、态度、价值观、创新意识和实践能力

第七章　大学生心理健康的课程实践研究

第一节　大学生心理健康课程的设计

一、心理健康课程设计的基本要素

心理健康教育课程的教学经常以学校现有班级为单位进行，心理健康教育课程的内容广泛，涉及学生学习与生活的各个方面；课程的作用也比较全面，既可以是预防性的，针对学生可能存在的心理困惑与问题，也可以是补救性的，针对学生已经遇到的带有普遍性的心理困惑与问题。正因为心理健康教育课程具有上述优势，它已成为现代学校心理健康教育的基本途径，也是将心理健康教育落到实处的重要保证。

第一，学生特征的分析。学生特征分析就是要了解学生的学习准备状态和学习风格。学习准备包括初始能力和一般特征两个方面，初始能力是指学生在学习某一特定的课程内容时，已经具备的有关知识与技能的基础，以及他们对这些内容的认识和态度；而一般特征是指在学习过程中影响学员的心理和社会的特点，包括年龄、性别、学级、经历、学习动机、个人对学习的期望、文化、社会、经济、家庭等背景因素。学生之间的个别差异，教师在教学时要做到心中有数，沟通和教育方法也要做相应调整。

第二，教学内容的确定。教学内容分析是根据总的教学目标，来规定学习内容的范围和深度，并揭示学习内容中各个组成部分之间的联系，以实现教学效果的最优化。教学内容分析以学员的学习结果为起点，并以起点为终点，是一个逆向的分析过程。

第三，教学策略的运用。教学策略是指教师教学时旨在优化教学效果的教学操作指南，是对完成特定的教学目标而采用的活动的程序、方法、形式和媒体等因素的总体考虑。对于教师可操纵的各种教学变量，都可探索其相应的教学策略，这里的教学策略涉及教材的讲解、教学媒体的使用、问题及解答方式、测试及反馈原则、师生互动等，具体而言主要涉及以下内容：首先，教材处理策略，即怎样用学生可接受的方式呈现心理学教材，以提高学生对教材理解、接受的效率；其次，心智技能提高的教学策略，即如何使学生有效把握心理健康教育课程中的概念和它们之间的关系；再次，教学方法运用的策略，即如何根据实际情况引起学生学习的准备，维持他们的兴趣，强化和调节他们的行为；最后，教学组织形式选择的策略，即心理学教学要根据主客观条件，恰当选择集体授课、个别化学习、小组相互作用等形式。

第四，教学目标的分析。教学目标是预期学生通过教学活动获得的学习结果，即学生通过教学活动要达到的学习标准，教学目标常被教师表述为学生的学习目标，具有指导教师进行教学评价、选择教学策略、指引学生学习等一系列功能。因此，教学目标是教学活动中最先考虑的要素，是教学设计的首要环节。"心理健康教育课程教学目标的表述应是大学生的学习结果，包括言语信息、智力技能、认知策略、动作技能和情感；并且力求明确、具体，可以观察和测量"[①]。按布卢姆的目标分类体系，可分为认知学习目标、动作技能学习目标和情感学习目标。认知学习目标、动作技能学习目标的行为具有可观察性和可测量性特点，而情感学习目标表述有一定难度。

第五，教学媒体的选择。教学媒体的选择，是教学准备工作的一项重要内容，要符合教学目标、教学任务和教学内容的要求，不同的教学目标需要使用不同的教学媒体去传递教学信息，不同的教学任务要求教师采用不同的媒体和方法去完成，而不同性质的教学内容对教学媒体也有不同的要求。与此同时，要考虑学生的需要和水平，不同年级的学生有着不同的认知能力和思维特点，考虑教学媒体的功能、特点和教学条件的影响，不同的媒体在不同的环境下会产生不同的教学效果。

第六，教学评价的收集。教学评价是指系统收集、分析有关学生学习行为的资料，以确定其达到教学目标程度的过程。从根本上而言，就是对学生行为变化的教学价值判断。在进行心理健康教育课程的教学设计时必须重视教学评价，从而为师生调整教与学的行为提供客观依据，使教学效果越来越接近预期的目标，教学评价的首要条件就是确定统一的指标。由于教学设计的成果较多地体现在课堂教学中，所以心理健康教育课程教学评价就必须考虑课堂教学中的两种极为重要的评价指标：首先，与目标因素有关的指标，这种指标一般分为知识、技能和情感三个方面；其次，与学生因素有关的指标，这种指标一般可分为学生表情、课堂提问、课堂秩序三方面。根据以上评价指标，对教学进行诊断性评价、过程性评价和总结性评价。诊断性评价在检查学情分析时就应该考虑进行，为进行教学分析和制定活动提供依据；过程性评价则要贯穿整个学习期间，通过教师的适当反馈，鼓励学生进一步参与课堂活动；总结性评价是指在教学未结束之前，为了解学生学习状况所做的评价，以便及时发现问题，调整教学有关环节，采取补救措施。

---

① 唐仁郭，唐文红．致心灵：大学生心理健康教育课程教案集锦［M］．桂林：广西师范大学出版社，2015：33．

二、心理健康课程设计的设计原则

（一）以学生为主体

大学生心理健康课程要以学生为中心，学生是心理意义的主动建构者。在价值观日趋多元的现代社会，人的心理空间日趋复杂，教师再也无法为学生设定不变的准则，学生自主选择能力的培养日益重要。心理健康教育课程是一种"为我"的课程，它要求从主体的需要、兴趣、动机出发，而不是依据外在的目标来组织和实施课程。主体始终处于活动的中心位置，要在活动中实现主体性发展和心理成长。因此，自主性是心理健康教育课程的精髓，心理健康教育课程促进学生心理品质发展的前提是学生自主性获得发展。要充分尊重学生的主体地位，充分发挥学生的作用，首先，心理健康教育的目的在于促进学生的成长和发展，而成长和发展从根本上说是一种自觉和主动的过程，如果学生没有主动意识和主动精神，处于被动的地位，教育就会成为一种强制性行为；其次，心理健康教育是一种助人与自助的活动，助人是手段，让学生"自助"才是目的。要达到自助的目的，就要让学生以主体的身份直接参与这一活动。

（二）以情境为介质

学习总是在一定的情境下进行的，不同的活动情境对人心理成长发挥着不同作用。真切的情境氛围为学生提供了易于感受、易于体验、易于激发的心理空间，使置身其中的每一个人都受到感染和熏陶，并激发其探究的心向。学生的心理发展是无法通过直接传授心理知识而实现的，它必须借助良好的发展情境。情境设计的关键是强化主体的积极能动性，使之自主地投入活动，实现心理的自主建构。心理健康教育课程要提供真切的情境，把学生带入"可思可感"的境界，使之直指自身的心理世界，进而建构心理结构、生成价值理念。心理健康教育课程还强调心理知识的情景性和特异性，鼓励学生把学到的心理知识应用到自己的生活中，在生活的具体情境中总结和检验所学的知识，使学习走向"思维中的具体"。

（三）以活动为内核

学习是知识内化为经验、经验外化为知识的过程。离开了主体的活动，知识建构就无从谈起，人的心理品质是在活动中展示和发展的。活动是主体与客观事物交互作用的过程，个体内部心理外显的过程，同时也是外部客观信息内化的过程。学生心理品质的发展是主体借助一定的教育引导在活动中自主定向、自主选择、自我完善、自我建构的结果。因此，通过活动来实施心理健康教育最为真实、最为自然。大学生心理健康课程要求教师设计自主性活动，让学生在自主活动中实现自我教育。

（四）以经验为起点

学习是学生通过新经验与原有经验反复、双向的交互作用从而主动建构起自己知识经验的过程，应该把知识和能力看作个人建构自己经验的产物，教师的作用将不再是讲授事实，而是帮助和指导学生在特定的领域建构自己的经验，学生是一个个"正在经验着"的个体，只有在个体的亲身经历中，他们才能聆听到发自自身本性的、自我完善的声音。学生也只有在经验中才能使自己全身心地投入到对生命意义的追求中，才能使自身的知、情、意、行获得和谐发展。因此，大学生心理健康课程的设计不能无视学生的原有经验，而要把学生原有的知识经验作为新知识的增长点。学校心理健康教育一个很重要的任务就是了解学生原有的心理经验。学校心理健康教育的根本途径不是教育者长篇大论式的说教，而应转向给学生提供丰富多彩的活动，在活动中发现学生的各种心理问题，并适时提供帮助。

（五）以过程为中心

大学生心理健康课程具有过程性特点，它要求课程设计遵循生态化的过程视角，即以一种互动的、成长的、延展的生命观来建构课程内容，使课程获得生命关怀的整体意识，激发学生的生存意志和生命智慧。生命活动、生活事件是个体心理品质发展的平台，心理品质的发展存在于个体生命活动的过程中，存在于个体生活的具体场景中。心理健康教育课程不能依据理论逻辑而应依据生活逻辑来建构，要让学生经历个人的经验积累过程，并基于自我的生活经验来建构心理品质。在这个过程中，个体的主体自我（当下的我）与客体自我（过去的经验）互动，主体进行自我觉察、反思过去的经验并对之加以调整和提升。

（六）以合作为主导

在心理健康教育课程中，师生是民主平等的协作关系，教师是"平等者中的首席"。教师与学生的对话，是彼此尊重、沟通、理解的基础，内含相互的信息传递、思想启发、观点更迭、情感激发和智慧提升等内容。教师要尊重、理解、信任学生，以平等、宽容、发展的眼光看待学生，重视个体发展的独特性；要给予学生充分表达的自由，让学生倾听"异己"的声音，从外在于学生的情境转变为与学生情境共存。而学生也不是被动地接受教师传授的知识和现成的理论，而是与教师共同探讨成长中遇到的各种心理困惑。

三、心理健康课程设计的多元形式

心理健康教育课程是以学生的活动为中心来组织教学的，要求活动形式新颖有趣，符合学生的实际需要和心理特点。但影响学生心理发展的因素是复杂多样的，这就决定了心理健康教育课程的组织形式具有灵活多样的特点。

（一）校内心理健康教育课程

校内心理健康教育课程包括课内心理健康教育活动课程与课外心理健康教育活动课程。课内心理健康教育活动课程是指列入学校课程计划内，在学校课堂内有计划、有组织、正式实施的课程，它在时间、场地、师资等方面都得到了保障，是开展心理健康教育最主要的一种形式，课内心理健康教育活动课程常用的方法有讨论法、心理训练法和自我陈述法等；课外心理健康教育活动课程主要包括以下几方面。

第一，班会社团活动。学校的班会社团活动的内容涉及个人、集体、学校和社会等各个方面的主题。作为学校心理健康教育活动课程的一部分，班会社团活动尤其要突出心理健康教育的主题，在活动中增加心理健康教育的内容和要求。通过班会社团活动对学生进行学习、生活、人际关系、自我等各个方面的教育，促使学生形成正确的人生观、价值观，增进学生的自我认识和对他人的理解，改善人际关系，培养学生的耐挫力和社会适应能力。

第二，文体活动。文体活动主要是指文学艺术活动和各类体育活动等，它们都有利于学生心理素质的提高。首先，文学艺术活动主要包括书法、歌咏、舞蹈、音乐、摄影、雕刻等各个方面。在文学艺术活动中，美的刺激，如声音、乐曲、光线、色彩、形态等，可对人的心理产生积极的影响，有利于人们宣泄和排除不良情绪，产生积极的情绪体验，进而增强心理承受力，提高心理素质。在艺术创作活动中，可发展学生的艺术兴趣和特长，使他们获得成就感和自豪感，提高感受美、鉴赏美和创造美的能力，促进学生发展包括审美素质在内的综合素质，其次，心体育活动包括体育锻炼、体育竞赛和体育游戏等活动，能够促进学生身心健康发展，有助于学生充分宣泄不良情绪，缓解心理压力，使学生形成积极向上的人生观，增强学生竞争意识、竞争能力和团结合作精神，培养学生顽强的意志、良好的情操以及心理承受力，从而增进学生的心理健康，提高学生的心理素质。

第三，科技活动。科技活动主要有创新研究、课题研究、科学发明等形式，内容以自身专业为核心，辐射天文、地理、环境、气象、电子技术、无线电、农业等方面。科技活动可以发展学生对科技的兴趣和勇于探索科学的精神，培养学生的想象力、思维力和创造力，帮助学生形成顽强的意志，提高挫折承受力。

（二）校外心理健康教育课程

校外心理健康教育活动课程的形式主要有夏令营和冬令营、社会考察、社会服务、社会交往、社会实践等。

第一，夏令营和冬令营。近年来学生的夏令营和冬令营活动中增加了心理健康教育的内容，以培养学生坚强的意志、吃苦耐劳的精神，增强学生的抗挫能力、良好人际交往能力及团结合作能力等。

第二，社会考察。社会考察主要有参观、访问、调查等方式，使学生了解社会，理解他人，认识自我，增强社会责任感和法治观念，从而达到自我教育的目的。

第三，社会服务。社会服务主要包括社会公益劳动、志愿者服务和社区服务等，如志愿陪伴养老院的老人谈心、照料孤儿、定期为图书馆等社会公益机构义务服务等，都属于社会服务的内容。学生在社会服务中，可增强社会责任感和归属感，学会体谅、关心他人，树立为他人献爱心的观念，克服过于注重自我、不关心他人的缺点。此外，学生还可以掌握一定的劳动技能技巧，形成正确的价值观、劳动观和抗挫折能力。

第四，社会交往。在城市学校和乡村学校的学生之间、正常家庭和残缺家庭的学生之间、富裕地区和贫困地区的学生之间开展"手拉手"活动，通过学生集体和个人之间的通讯和互访活动，扩大学生的视野，丰富学生的情感，使学生富有爱心、同情心，有利于培养学生的助人品质、社会责任感和合作精神，增强学生的交际能力。

第五，社会实践。社会实践是由教师引导学生参加社会的体验式学习，帮助学生形成对社会和家庭的责任感以及工作责任心，促使学生掌握必要的生产和生活技能，形成热爱劳动、热爱劳动人民和热爱生活的情感，增强社会适应能力、交际能力和自理能力。

（三）线上心理健康教育课程

线上心理健康教育课程是指利用互联网开设心理健康教育活动网站，引导学生在网络上自主参加活动以促进心理健康发展的一门课程，它是 21 世纪我国心理健康教育最重要的途径之一。心理健康教育活动网站开设的主要栏目可以包括以下几方面。

第一，"心理测试中心"。学生在此可参加心理测试，了解自己的心理健康状况和气质、性格等特点，以便有针对性地进行心理自助，提高自我心理素质。

第二，"心理论坛"。利用微博、聊天室等开设心理论坛。在"心理论坛"中，教师通过精心的设计有关心理健康方面的问题或选择典型案例，也可利用学生自由提出的热点心理问题或自己的心理困惑、心理矛盾，来引发学生自由讨论，教师在必要时作适当地指点。在讨论和交流活动中，学生自由表达自己的观点，相互宽慰，起到了宣泄情绪、交流情感、提高认知的作用。

第三，"演艺剧场"。利用聊天室或语音聊天室，开展角色扮演活动，这样可突破时空的限制，使学生能够随时随地上网借助角色扮演来实现心理自助，尤其能帮助部分不敢当众表演的同学在网络上自由地表现自己，使全体学生的心理素质都能得到提高。

第四，"精彩专辑"。将幽默影视片、幽默小说、笑话、漫画等制成网页，使学生在欣赏过程中开怀大笑，达到消除烦恼和抑郁、改善现状、愉悦身心的目的。

第五，"勇于参加"。在网上定期开展征文、征画、征校徽设计、征校歌等比赛活动，培养学生的竞争意识和创造能力，使学生在创作中体验到成就感和自豪感，增强集体意识。

第六，"游戏专栏"。设计生动有趣、寓心理健康教育内容于其中的娱乐游戏、体育游戏（如棋类游戏）等供学生参加，使学生在轻松愉快的游戏气氛中进行情绪的调节和心理锻炼，从而达到释放和宣泄心理压力，提高学生心理素质，达成开发心理潜能的目的。

第七，"社区采风"。将现实社会中有教育意义的活动场所（如青春期展览会、博物馆、展览会等）搬上网络，变成仿真性极强的虚拟社区的一部分，让学生进入其中参观访问、讨论交流，接受心理健康教育。

第八，"模拟体验"。将现实社会中很难再现的情景通过网络技术再现出来，使学生在模拟的情景中产生各种体验和感受，培养学生的抗挫能力和适应能力，让学生掌握一定的劳动技能技巧，形成正确的世界观、人生观和价值观。

第二节　大学生心理健康课程设计的具体操作

教学设计是根据教学对象和教学目标，确定合适的教学起点与终点，将教学诸要素有序、优化地安排，形成教学方案的过程。心理健康教育课程是由一系列主题鲜明的相对独立的课程组成的，是以培养学生良好的心理素质、发展健全的人格、增进心理健康水平为目的的教育活动，其特点可以从目标、内容、方式方法等方面来体现。因而，大学生心理健康课程的教学设计也是从教学目标设计、教学内容设计、教学形式设计及教学主题设计等四个方面来体现的。

一、大学生心理健康课程的教学目标设计

大学生心理健康课程的目标就是通过课程教学使学生丰富心理健康教育知识、提升学生情绪情感调控能力，因而，大学生心理健康课程教学目标设计也就必须围绕认知目标和情感目标两个层面展开。

（一）课程设计的认知目标

认知是心理学中的一个普通术语，它包括各种认识形式，如感知、记忆、想象、思维等。学校心理健康教育的认知目标主要包括以下几方面。

1. 培养自我智慧

在学校心理健康教育工作中，在"智"方面的主要目标是培养学生观察力、记忆力、想象力、思维力、注意力等方面的良好品质。就观察力而言，主要指培养学生观察的目的性、条理性、理解性、复杂性、精确性和敏锐性；就记忆力而言，主要指培养学生记忆的敏捷性、持久性、准确性和准备性；就想象力而言，主要指培养学生想象的新颖性、主动性、生动性、丰富性和现实性；就思维力而言，主要指培养学生思维的敏捷性、灵活性、广阔性、深刻性、独立性和批判性；就注意力而言，主要指培养学生注意的广阔性、稳定性、分配性、紧张性和主动性。

2. 构建学习策略

策略指行为或行动计划，以及为解决某问题或达到某目标而有意识作出的一套活动。学习策略是指学生在学习活动中有效学习的程序、规则、方法、技巧及调控方式，它既可是内隐的规则系统，也可是外显的操作程序和步骤。

学习策略一般包括认知策略、支持性学习策略和元认知学习策略等。认知策略是加工信息的一些方法和技术，这些方法和技术能使信息较为有效地从记忆中提取；支持性学习策略是指促进学习活动的一些外显的操作程序和步骤，如画线、做笔记、写提要、制订学习计划与时间管理等；元认知学习策略包括元认知知识、元认知体验和元认知监控三种成分。元认知知识是指个体关于自己或他人的认识活动、过程、结果以及与之有关的知识，具体包括关于认知个体的知识、关于认知任务的知识和关于认知策略的知识；元认知体验是指伴随认知活动而产生的认知体验或情感体验；元认知监控是指个体在认知活动过程中，积极地对自己的认知活动进行监控，并相应地对其进行调节，以达到预定的目标，元认知监控是元认知的核心。

学习策略目标主要包括：一方面，外显学习策略目标，使学生掌握学习过程的各个阶段（预习、听课、复习、作业、实践应用和总结考试）的学习规则、学习方法；另一方面，内隐学习策略目标，即使学生掌握认知策略、元认知策略和自我调节策略。

认知策略包括复述策略、精细加工策略、组织策略。

元认知策略包括计划策略、监视策略、调节策略。

自我调节策略则包括：

第一，计划性，指学生在学习前对学习活动的计划和安排。

第二，准备性，指学生在学习前为学习活动做好各种具体的准备。

第三，意识性，指学生在学习活动中清楚学习的目标、对象和任务。

第四，方法性，指学生在学习活动中能讲究策略，选择并采取合适的学习方法。

第五，执行性，指学生在学习活动中控制自己去执行学习计划，排除有关干扰，保证学习的顺利进行。

第六，反馈性，指学生在学习活动结束后对自己的学习情况及效果进行检查、反馈与评价。

第七，补救性，指学生在学习活动结束后根据反馈效果对自己的学习采取补救性措施。

第八，总结性，指学生在学习活动结束后思考和总结学习的经验和教训。

3. 提升学习品质

教育的本质特征是培养学生良好的行为习惯，学习品质正是行为习惯中的一个重要部分，是学习主体对学习行为自然驾驭能力的表现，是学习者主体活动的结果。学习品质又是多层次的，优良的学习品质不仅能提高学习主体的学习效率，而且能有效地促进其创新能力的发展。学生具备何种层次的学习品质跟教师的不断培养有很大的关系。改善学习品质应包括：明确学习目标，培养、激发学习动机，端正学习态度，培养学习兴趣，养成学习习惯，树立学习信心，学会正确归因。

（二）课程设计的情感目标

情感教育作为心理健康教育的重要组成部分，其内容主要包括培养学生的社会性情感品质和增强其情感调控能力，具体而言有以下几方面。

1. 理解情绪认知与情绪识别

让学生理解情绪、情感的内涵、功能、分类及特性，明白情绪、情感对学习、生活、行为及心理健康的重要意义，可以使他们更好地察觉自我的情绪和情感，并能敏锐地体察他人的情绪和情感。情绪识别是有效管理自我反应的基础，每个人都要受到自己情绪模式的支配，认识自己的情绪模式才能有效地进行取舍。识别自己的情绪模式可以帮助学生按自己的意愿行事，不会受到恐惧和自负心理的操纵，从而准确把握各种变化或挑战中的核心问题。

2. 培养情绪表达与情绪理解

培养学生能运用言语和非言语手段正确、合理、恰当地表达自己的情绪和情感，善解他人的情绪与情感，具有移情的能力。情绪表达有助于缓解压力，并可增进与他人之间的了解。压抑情绪不但危害健康，往往也会使学生耗费过多心力掩饰真实感受，反而影响了学习效率。表达情绪时要注意以下几方面：首先，使用确切的情绪形容词；其次，说明原因，明确说明导致某种情绪的缘由，使别人了解因果关联性；再次，局限情绪的时间点，为自己的情绪负起责任；最后，做到能清楚地表达自己，圆满达到情绪表达的最终目的。

3. 完善情绪控制与情绪宣泄

培养学生学会分析造成不良情绪的原因，分析自己的反应是否适度、合理，学会以合理的手段适当疏导，使情绪能量或精力得以清除、疏泄，以恢复身心机能的平衡和稳定。宣泄是调整情绪的重要途径，要通过各种方法，把不良情绪表达出来，同时也要注意宣泄时不要影响他人。

4. 促进情感发展与情感培养

情感发展指进一步拓展和提高情绪认知、识别、表达、理解、控制和宣泄能力，使学生形成更成熟、更高级、更社会化的情感和情操。情感培养则是指在情感发展的基础上，进一步帮助学生形成一些符合社会需要的良好的情感品质，如从情感的倾向性、深刻性、稳固性、效能性等方面塑造大学生的道德感、理智感和美感。

（三）课程设计的阶段目标

心理健康教育的总目标应能反映学校心理健康教育的基本要求，符合教育培养目标的要求。因此，心理健康教育的总目标可以概括为通过心理健康教育，提高学生心理素质，开发学生潜能，培养学生乐观向上的心理品质，解除学生心理困惑，促进学生人格的健全发展。在总目标的规定下，学校心理健康教育的目标可以分为以下几方面：

1. 心理健康教育的一般目标

学校心理健康教育工作者，一方面，要帮助学生解决其在学习、生活、成长中产生的心理问题，对少数有心理障碍或心理疾病的学生做到早发现、早诊断、早治疗、早干预；另一方面，要把大量精力放在开展心理健康教育活动上，提高学生的心理健康意识，使学生学会防治自己的心理健康疾病，提高自己的心理健康水平。从这个意义上而言，学校心理健康教育的一般目标，除了及时发现并科学地防治学生的心理疾病外，更为重要的就是使学生学会自我心理保健，掌握有关避免和消除心理健康问题的知识、原则与方法，对自我心理健康状况有正确的认识，能够自我排忧解难，能科学地应对生活中的各种挫折和困扰，保持乐观、稳定、积极向上的心态，防治心理疾病，增进心理健康。

2. 心理健康教育的基本目标

培养学生良好的心理素质是学校心理健康教育的基本目标。"心理素质是指个体所具有的心理品质和行为模式，它反映了人的身心潜能开发与利用的程度"[①]。在人的全面发展中，心理素质具有核心地位和关键作用。良好的心理素质，一方面是指与现代社会文化要求相适应的现代人的心理素质；另一方面是指与受教育者当前学习、生活相适应的心理素质，从这个意义上而言，优化心理素质就要求通过对学生的认知品质、情感品质、意志品质及其他各种个性心理品质的培养，使学生的知、情、意、行与社会现实的要求之间有和谐的适应关系，从而促进其整体素质的提高，实现德、智、体、美、劳等诸方面的全面发展，促进全面发展。

3. 心理健康教育的重要目标

为了培养跨世纪的一代新人，不仅要造就他们与未来文化相适应的现代心理素质，更要造就他们与科技进步相适应的创造心理素质，这就需要开发人的心理潜能。人的心理潜能远未能得以良好地开发与利用，心理健康教育的重要目标就是开发人的心理潜能，达到自我实现。

心理健康教育不同层次的目标是相互制约、相互联系的统一体，划分层次只是为了便于在工作中实际操作，总目标统领并指导各层次目标，各层次目标是为总目标服务的，各层次目标也要根据具体情况而定，针对不同工作阶段、群体，可能确立的主要目标不同，但并不是排斥其他层次的目标。低层次目标的适应教育和障碍干预是为了发展，发展性心理素质教育又是为了更高层次目标的实现。

二、大学生心理健康课程的教学内容设计

大学生心理健康课程教学内容设计主要包含以下几方面，如图 7-1 所示。

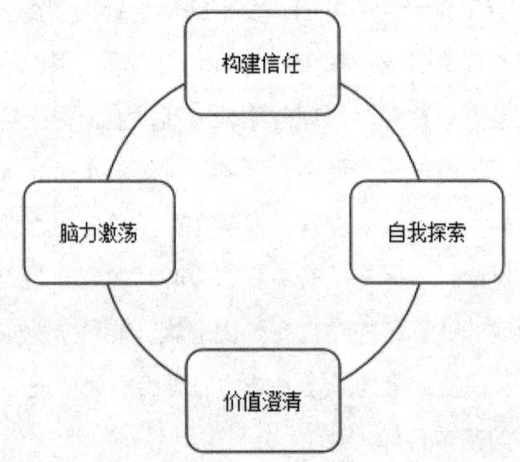

图 7-1　大学生心理健康课程的教学内容设计

---

① 王道阳. 学校心理健康教育课程原理与操作 [M]. 芜湖：安徽师范大学出版社，2014：114.

（一）构建信任

人与人之间需要理解，需要沟通，需要建立相互信任的关系，这样才能彼此接纳。分享的喜悦是加倍的，分担的痛苦是减半的。进入团体内的成员在初步相识后，需要进一步相互接触、相互了解，以逐渐建立信任的关系，相互接纳，减少防卫心理，这是团体中间阶段希望达到的目标。心理健康教育课程的目标之一是提高学生的人际沟通与交往能力，通过活动可以增加成员之间的理解，发展团体动力。

培养和训练学生形成和谐的人际关系，使其乐于与人交往、宽以待人、乐于助人，客观评价别人和自己，取他人之长补己之短，形成积极的交往态度，在复杂的人际关系中保护和发展自己。通过交往心理调适，使学生有意识地掌握人际交往的特点和规律；通过有意识的训练，帮助学生掌握一定的交往技巧，使其在群体中能够与人和睦相处，善于在群体中发挥自己的特长，从而减少人际冲突，促进人际和谐。

（二）自我探索

心理辅导活动是学生的自我教育活动，它以他助—互助—自助为机制。在真诚、理解、接纳和鼓励的态度面前，学生感到安全和自由。因此，课程设计应充分调动学生自身的教育资源，鼓励学生做深入的自我探索，让学生在适度的自我开放中，通过自我检查、自我领悟、自我实践促进自我成长，这是课程设计与实施是否体现心理辅导实质的关键所在。

提高学生不断正确认识自我，增强调控自我、承受挫折、适应环境的能力，培养学生健全的人格和良好的个性心理品质，让学生养成正确的自我观念，培养学生健全统一的个性，使其对自己的认识比较接近现实，能愉快地接受自己，对自己的生活、学习现状和未来有一定程度的满足感和发展感，以积极进取的人生观作为个性的核心，把自己的愿望、目标和行为统一起来。通过个性心理训练和调试，使学生学会增强自我教育能力，从而矫正不良个性品质，促进个性的完善。还应使学生了解健康个性的标准及自身的个性特点，并通过有意识的训练形成良好的性格。

在辅导活动中，帮助学生进行自我探索和自我表达，以深入地了解自己、悦纳自己，形成健康的自我形象，这是活动的主要内容之一，也是心理健康教育课程的基本模块。

（三）价值澄清

一个适应社会、身心健康、人格成熟的人应该清楚自己的价值观，并了解自己价值体系的建立过程与基础，且不断内省。价值观不仅影响个人对事物的选择，也影响个人与他人的相处及沟通，影响个人的生活，影响人的发展。在团体咨询过程中，澄清自己的价值观，了解他人的价值观，在比较、交流中确立正确的价值观，是各种目标的团体咨询常进行的活动。

价值澄清是指让学生通过选择、评价和行动，反思自己的生活、目标、感情、需求和经验，建立积极价值观的过程。在辅导活动进行专题讨论时，常常要设计一些价值澄清活动。价值澄清的目的不是灌输给学生一套事先安排的、严谨的价值观，而是通过心理帮助指导学生掌握一种过程，这种过程可以用来反省自己的生活，对自己的行为负起责任，从而澄清自己的价值观，使学生减少价值认识的混乱，这种方法非常适合在集体情境中使用，学生可以在共同的价值辨析讨论中，经过一系列心理互动的过程，达到主动学习、自我评估、自我改进的目的。价值澄清不仅要鼓励训练澄清的技巧，而且要培养个人深思熟虑地进行自我指导的能力。

（四）脑力激荡

脑力激荡法，又称头脑风暴法，指利用创造性想法为手段，集体思考，使大家发挥最大的想象力，根据一个灵感激发另一个灵感的方式，产生创造性思想，并从中选择最佳的解决问题的途径。后来被人引入心理健康教育，成为心理健康教育的重要方法之一。

脑力激荡活动允许学生对一个问题能自由地考虑可采用的方法，它可以帮助学生产生很多的概念，它的目的是在一种兴奋、有趣、安全及接纳的气氛下，鼓励学生真诚地贡献意见，不管有无价值，甚至类似开玩笑或引人注意的意见，都要接纳它，应特别鼓励有创意的学生。在讨论时，教师不作评价，只在最后加以总结，该方法是团体心理辅导活动独特的优势，适合于各年级学生，常常在心理健康教育课程活动中被采用。通过创设一定情境，培养学生发散性思维，训练学生思维的敏捷性或提出问题的能力，发挥集体的力量，探讨解决问题的有效办法。

三、大学生心理健康课程的综合主题设计

大学生心理健康课程的教学主题设计需要遵循一定的原则，只有了解这些原则，才能从针对某学校心理健康教育具体内容的主题进行设计，从各类教育资源中充分挖掘心理健康教育资源。大学生心理健康课程的综合主题设计是指在各类教育资源中充分挖掘心理健康教育资源，使心理健康教育落实到学校具体的教育教学和管理工作过程中去。

（一）心理健康课程目标的融合

学科教学的目标不仅仅是知识，还应该包括认知、情意和行为。任何一门学科课程的目标都应同时反映学生的心理层面，才能形成完整的目标体系。一方面，学科内容传递的

过程以人的心理发展为基础，服从心理规律，使学科内容心理化，这是解决教育过程中学生与课程矛盾问题的正确策略；另一方面，学科内容的传递是着眼于学生整体发展的，即掌握知识和技能、发展能力、完善人格是相互交融、并行不悖的，正是在这一意义上体现了心理健康教育融合型课程的学科位置与教育价值。传统的学科教学强调社会本位和知识本位，学生要适应教学，因而忽视学生心理发展与主观需求；而学科课程中融合心理健康教育则更强调学生的主体地位与主体需要，教学要适应学生发展，促进学生潜能的开发和创造性的培养。

构建三维教学目标体系是实施心理健康教育的前提条件：一维是构建的内容，德、智、体、美、劳、心并举；二维是构建的结果，知、情、意、行、个性协同发展；三维是构建的过程，自定目标、自我评价、自我激励、自我实现、自我监控协同发展。

（二）心理健康课程内容的融合

德、智、体、美、劳"五育"课程内容中都蕴含着十分丰富的心理健康教育素材，经过适当利用和挖掘，可以起到心理健康教育的作用。

第一，德育课程中对学生道德意识倾向性（道德需要、道德动机、道德信念、道德理想等）和道德心理品质（道德认识、道德情感、道德意志等）的培养本身就是心理健康教育的内容。德育对学生心理健康的发展起定向和动力作用，德育的重要内容之一是对学生进行正确的人生观和科学的世界观教育，人生观和世界观是个体心理和行为的最高调节器，是维护心理健康、防止心理异常的根本条件。在对学生心理素质的培养过程中，德育与心理健康教育是相互重叠、相互融合的，教师要善于挖掘德育课程中的心理健康教育内容。

第二，智育课程以传递知识、发展智能为宗旨，其中发展智能就蕴含心理健康教育的内容，同时还要进行各种非认知因素的培育。首先，在语文教学中，通过选择典型的文学内容，可以开发训练学生的再造想象和创造想象的能力，通过教材内容的情感体验和典型人物分析，可培养学生良好的情感、意志和个性品质，全面发展学生的思维品质是语文教学中心理健康教育的独特任务；其次，数学教学中心理健康教育的独特任务是发展学生逻辑思维的品质，同时还可培养严谨的学习态度，也可锻炼克服困难的意志；再次，物理、化学等自然学科教学中心理健康教育的独特任务就是培养学生创造性思维的品质和科学精神、科学态度；最后，社会学科教学中心理健康教育的任务是要唤起学生的精神需求，培养对他人、对集体、对民族、对社会、对人类的美好情感。

第三，体育课程的教学可以为培养学生良好的心理品质奠定生理素质的基础，同时还可培养学生的耐力、意志品质、合作能力和竞争意识等。

第四，美育课程，如音乐、美术等，是进行心理健康教育的良好载体。声音、律动、色彩、线条等能够陶冶性情，唤起美好的心理感受，丰富学生的想象力，培养感受美、鉴赏美、表现美、创造美的审美心理，促进形象思维品质的发展与美感、道德感的形成是这类学科教学中心理健康教育的独特任务。

第五，劳动技术教育在培养学生劳动观念、劳动习惯、劳动技能的同时，能够形成学生积极的生活态度、崇高的社会情感和克服困难的意志品质。

总而言之，学科课程融合心理健康教行的内容广泛、方式多样，涉及学科教学的一切，包括学生学习习惯的培养、学习动机的激发、学习策略的指导等，这就要求教师在教学过程中要灵活处理教材，善于把握教材内容中心理健康教育的涉及点、学生学习过程中心理健康教育的接触点，在整个教学过程中融合一条心理健康教育的线索。

（三）心理健康课程教学的融合

从课程教学中的心理层面来分析，它是知、情、意、行交互作用的过程，心理健康教育融合型课程集中反映在学科课堂心理环境的创设与优化上。在课堂教学中，通过改善课堂教学心理环境，使学生既能有效地掌握学科知识和提高能力，又能发展良好的个性和提高心理素质。

优化课堂心理环境是指教师根据培养学生心理品质的目标和对学生心理特点的了解，通过把握和调整自己的教学行为，来优化课堂教学中各因素之间的关系，使学生产生积极心理状态和学习行为，以营造课堂教学气氛的过程，它是学科课程中融合心理健康教育的基本方式。优化课堂心理环境是在教学过程中通过贯彻心理健康教育原则来实施的，教学过程中心理健康教育原则主要有和谐原则、民主原则、兴趣原则、成功原则和探究原则。优化课堂心理环境要以建设良好的师生关系为核心，以情感沟通为桥梁，教师要以自己的教学行为来满足或引导学生的心理需要，激发学生的行为动机，这样才能使学生产生积极健康的学习行为，进而形成一种良好的学风班风，而这种良好的学风班风又会反过来对学生的学习行为产生积极的影响，形成一种良性循环。在这种良性循环中，学生逐渐养成积极健康的学习习惯，这种习惯的保持最终会形成新的心理结构，从而使学生的心理品质获得健康发展。

（四）心理健康课程评价的融合

课程评价是研究课程价值的过程。心理健康教育融合型课程带来了传统学科课程评价的变化，它要求评价的多元化，注意评价的心理层面，应兼顾到学生心理发展的各个要素和各个层面，尊重学生心理发展的个别差异，确立课程评价的心理指数，从而促进学生全面、健康地发展。构建多维协同评价体系，第一，内容维度，由知识、技能扩大到智力与非智力因素的全面评价；第二，空间维度，课内、校内与课外、校外、社会、家庭相结合；第三，时间维度，长短期结合，定期与不定期结合；第四，方法维度，笔试、口试、观察、操作、心理测评等多种方法综合运用；第五，评价主体维度，自评与他评相结合，教师、学生、领导、家长多方参与；第六，结果维度，以分数、评语等方式全面反映学生整体素质的发展情况，重过程、重发展。

第三节　大学生心理健康课程的教学策略与保障

一、大学生心理健康课程的教学策略

心理健康教育课程的教学策略，不同于一般的教学原则和教学规律，它更具有可操作性以及实用性，它主要解决教师如何教的问题，对教师做好教学工作有十分重要的指导作用。心理健康教育课程的教学规范性决定了它必须强调教学策略。只有教学策略的不断建立与完善，才能使心理健康教育课程的教学科学化，才能改变心理健康教育课程的教学瓶颈，保证心理健康教育课程的主体地位。

（一）大学生心理健康课程教学策略的认知

教学策略是关于有效地解决教学问题的方法、技术的操作原则与程序的知识，它主要包括三个方面的内容：首先，是解决教学问题的方法、技术；其次，这些方法技术的操作；最后，操作中的要求和有目的、有计划的操作程序。教学策略就是对完成特定的教学目标所采用的教学活动的程序、方法、形式和媒体等因素的总体考虑，大学生心理健康课程的教学策略也是为实现教学目标而制定的，付诸教学过程实施的整体方案。心理健康教育课程的教学是一个可控制的开放系统，这个系统中的可操作部分包括教学方法、程序、组织形式、媒介等要素。心理健康教育课程教学策略的结构，具体包含以下几方面。

第一，教学思想是一个很宽泛的概念，它是一种纯思维的东西，无法直接操作，学生观、学习观等均属于教学思想的范畴。在实际教学过程中，教学思想具有支配教学行为的功能。任何一种教学策略的背后都有一定的教学思想做支持。在心理健康教育课程教学策略的制定和实施过程中，教师拥有不同的教学思想，就会形成与之对应的教学策略。

第二，教学策略总是指向一定的教学目标，为完成一定的教学任务而创立的。但教学策略和教学目标又不是一对一的关系，一种教学策略可以有多种目标，其中又有主次之分。主要目标是区分不同策略的特点，也是使用教学策略的重要依据。在确立心理健康教育课程的教学目标时，教师除了要考虑学生的身心发展特点与规律外，还要顾及他们在适应社会过程中可能出现的问题。学生在适应社会过程中所出现的问题是个人自身发展与特定社会变化交互作用的产物，这种交互作用因为发展而具有动态性。因此，教学目标一定要充分考虑所处时代的特点以及学生自身发展的特点，以促进学生健康心理的不断发展为目标，为学生的可持续发展奠定良好的基础。

第三，实施程序是指教学策略按时间展开逻辑活动步骤以及每一步骤的主要做法等，它指出教师在采取一定的教学策略时的步骤。例如，课堂小组合作教学策略的实施程序是：合作设计—目标呈现—集体讲授—小组合作活动—测验—反馈与补救。实施程序是相对稳定的，有一定的先后顺序，但没有定式，可以随着教学条件的变化以及教学的进程及时调整和交换。

第四，操作技术是指教师应用教学策略的方法和技巧。要保证教学策略的实施有效和可靠，就必须提出一套明确易行的行为技术和操作要领：首先，教师方面，包括教师在教学策略中的角色、作用或对教师的要求；其次，教学内容方面，包括教学策略的依据及教师对教学内容的处理；再次，教学手段方面，除平常教学所需的教学手段外，还包括应用本策略所需的特殊教学手段；最后，使用范围方面，包括本策略适用课程性质、问题性质或年级层次等。这些因素相互联系，相互制约，缺一不可，完整地构成一定心理健康教育课程的教学策略。

（二）大学生心理健康课程教学策略的特点

1. 指向性特点

教师制定一个教学策略，就必须充分考虑到教学目标、教学内容、教学活动以及整个教学过程，使每一个环节的工作都能做到位，对可能产生的问题要有所应对，从而保证教学的流畅性，最终实现预期的教学效果。教学策略的选择和运用，都是为教学目标服务的，是以教学过程中问题的解决为目标指向的。教师在教学问题解决过程中，首先要针对教学问题建立问题空间，不仅要明确学生的知识水平、动机水平、问题的难度、教师的能力水平、教学的进度要求等已知条件，同时还要明确教学问题解决之后所要达到的教学目标。在条件和目标确定之后教师便要调用头脑中的程序性知识来建立算子解决问题，可见在教学问题的解决过程中目标导向是不可缺少的，这也是教学策略不同于其他教学成分的特点之一。

教学策略的选择和运用，都是从具体的教学内容出发的。在教学策略制定前，首先要选择合理、科学的教学内容。教学内容的选择是一个系统工程，要综合考虑各方面的因素，学生、社会、学科是影响心理健康教育课程内容选择的基本要素，三大要素中的许多次级要素的组合共同构成了教学内容选择的依据。在学生要素中，个人的需要、兴趣、动机、认知水平等影响内容的选择；在社会要素中，现代社会的变革，社会转型，科技发展，社会、学校、家庭的互动等影响内容的选择；在学科要素中，心理健康教育课程的实践发展及心理健康教育课程的学科建设也是影响内容选择的依据之一。心理健康教育课程教学内容的选择主要有三种方式：由心理结构衍生的心理健康教育内容、由学生成长发展的人生课题衍生的心理健康教育内容，以及二者综合的教育内容。

心理健康教育课程不以传授系统的知识为主，而以学生获得体验为主，这就决定了心理健康教育课程是一门活动课程。心理健康教育课就是要通过设计一系列活动来体现教学内容，以学生亲历的活动来保证教学内容的实施。衡量一堂心理健康教育课上得好不好，主要看它的活动设计是否质量高。因此，心理健康教育课程教学策略的选择和运用，还要从具体的活动设计出发，为活动的正常开展提供全面、必要的保障。

教学策略的选择和运用要具有一定的宏观性，即它必须考虑到整个教学过程，为整个教学过程的顺利进行提供指导。心理健康教育课程的教学过程是一个动态的开放过程，表现在三个方面：首先，师生的自我开放，学生开放自己的心灵和各种感官，自由地想，自由地做，真诚地进行心灵的沟通与交流，教师无条件地积极关注和接纳学生；其次，活动方式的开放，活动方式、途径灵活多样，可以小组和个人为单位来进行活动，也可以采用情景法、角色扮演法、讨论法等方法综合开展活动；最后，教学目标和教学内容的开放性，教学目标是以学生综合素质的发展为目的，促进学生整体心理素质的优化，教学内容涉及多门学科、多种活动，问题没有现成固定的答案，允许学生有不同的想法。

2.层次性特点

教学具有不同的层次，不同的教学层次就有不同的达到教学目标的手段和方法，也就有不同的教学策略。教学对象的层次性在于，不仅年龄不同，而且人的认知结构也是按照层次加以不断学习、建构的。在面对教学对象时，要充分考虑到教学策略的层次性。课堂大致分为三个阶段：导入阶段、探究阶段及结束阶段。每个阶段占用的教学时间不同，任务内容不同，重要性程度也不同，但是每个阶段的顺利实施都必须要有教学策略的指导。因此，教学策略在整个课堂教学过程中具有明显的层次性，即它在课堂教学的不同阶段发挥着不同的作用。

人的心理成长既有静态的一面，也有动态的一面，人生不同阶段的心理年龄特征都是动态演进的。教师在进行心理健康教育时，一定要强调教学对象的层次性，对不同教学对象的教育要施以不同的教学策略，保证教学策略对教学对象的可用性和适用性。教学对象的层次性决定了教学策略是一种动态选择，它关注心理健康教育内容的发展性、连续性和适切性。心理发展在不同的年龄段体现出不同的特征，这是由不同时期所面对的人生课题决定的。一方面，人的心理发展是以整体连续的方式表现出来的，心理健康教育教学策略也应注重整体连续性；另一方面，不同阶段的发展又具有独特性，要求心理健康教育教学策略具有适切性，能准确反映不同年龄段学生心理发展的特点与需求，真正促进心理品质的发展和不同阶段心理的平衡过渡。

3. 操作性特点

教学策略的根本任务在于解决具体教学情境中的各种问题，如针对怎样使学生头脑中的认知结构与新知识更好地相互作用，人们提出了"先行组织者策略"；针对某些概念抽象难懂，人们提出了"形意结合"的教学策略及"概念的形成与同化相结合"的教学策略等。教学策略必须具有可操作性的特点，真正成为完成教学任务的"工具"。任何教学策略都针对教学目标中的具体要求，具备与之相对应的方法技术及拟定环节与环节前后衔接的实施程序，并且可以转化为教师的外部动作，最终通过外部动作来达到教学目标。例如，针对部分学生书写潦草的不良学习习惯，使用行为矫正策略，以使其书写工整，改掉不良习惯。向学生指出这是一种不良习惯，说明书写工整的益处和书写潦草的害处，然后进行书写指导，宣布较为具体的练习要求和检查要求，其中书写指导、练习要求，对策略运用者而言，都是已经设计好的且很具体的东西。

4. 调控性特点

有效的教学需要有可供选择的策略来达到不同的教学目标，而且需要不断予以相应的监控、调节和创新。教学策略的调控性特点，也就是指实际运用教学策略时，教师的思维要有灵活性，要随教学问题情境的不断变化而变化。教学策略要根据不同的教学目标和任务，并参照学生的初始状态，选择最适宜的教学内容、教学媒体、教学组织形式、教学方法，并将其组合起来，保证教学过程的有效进行，以便实现特定的教学目标，完成特定的教学任务、教学情境的复杂性、教学策略的多样性以及教师能力的差异性决定着教学问题的解决并非只有唯一的途径，而是因地、因时、因人灵活地选择教学策略。同时教学策略也没有唯一固定的范式，它可以因情境的变化而变化。在教学中"随机应变"已构成了教学艺术的一个重要因素，可见灵活地使用教学策略是课堂教学的关键之一。要做到教学策略的灵活运用，教师必须对各种教学情境有充分的了解，对各种教学策略了如指掌，对自身教学能力水平及其优缺点有全面客观的认识。

（三）大学生心理健康课程教学策略的类型

1．教学准备策略

心理健康教育课程不同于一般的文化课，教学主要体现的是学生心理活动的轨迹。因此，教师应创造一种融洽、和谐的氛围，让学生积极参与教学活动，真诚沟通，说出自己的心里话。教师的教学准备内容主要包括：确定教学目标，选择教学内容，设计教学活动，收集相关资料（如案例等）支撑教学，指导学生做好必要准备（如小品表演、歌曲舞蹈、道具奖品等）。教师在教学之前的周密设计和充分准备是取得教学成功的根本保证，也是教师良好教学态度的真实体现。

心理健康教育课程教学目标的表述应该符合以下要求：首先，教学目标表述的应是学生学习后所产生的心理和行为上的变化；其次，教学目标应尽可能表述得具体，有心理描述和行为上的表现；最后，教学目标的表述应反映学习结果的类型和层次。

精选教学内容是一个相当重要的工作。在构建和选择学校心理健康教育的内容时，不但要遵循教学内容选择的六条一般标准，即科学性、基础性、发展性、可接受性、时代性和多功能性。与此同时，还必须围绕心理健康教育以适应和发展两个基本目标为主线和以本节课所要达到的具体的心理和行为目标为准绳进行综合安排。综合安排主要考虑三个方面：首先，根据个体心理发展的阶段性和连续性，结合总体和局部建构心理健康教育的内容体系；其次，以生理、心理、社会性发展的水平、特点为出发点，针对学生学习、生活、交往和成长中普遍存在或可能出现的心理问题，进行各有侧重的教育，安排教学内容；最后，照顾个别学生的特殊情况并结合课题研究，有针对性地安排教学内容。

心理健康教育的内容由八个基本部分有机构成，即适应学习、适应生活、适应人际交往、适应社会规范、发展智力、发展个性、发展社会性和发展创造性，这八个方面的内容既体现总目标要求，又分别反映两个基本目标的要求，同时力求目标内彼此衔接，目标之间上下连续，形成一个有机的内容体系，促成内容之间的协调整合。

2.课堂教学策略

课堂教学策略一般都是以教师控制任务为中心的教学策略，如讲课策略、示范策略、问答策略和讨论策略。教师采取权威式或家长式的姿态，而学生具有较低的自由度。在心理健康教育课程中，除上述策略外，还提倡采用以项目为中心的个别或合作教学策略，如角色扮演策略、游戏策略、测验策略和灵活学习策略。教师采取参与者或旁观者的姿态，而学生具有较高的自由度。把"控制权"交给学生并不表示教师职责的放弃，也不表示教师不再需要仔细地安排教学活动。教师仍然要时时刻刻为学生的实践及心理安全负责。教师需要选择适合教学内容的，而且是他认为对学生最有效的教学策略。最重要的是要不断调整教学策略以保持学生的学习兴趣，其规律是，与以教师控制任务为中心的使学生变得不够积极的教学策略相比，以项目为中心的个别或合作教学策略，可以使学生的参与性与积极性达到更高的水平，但重要的是应记住教学策略是没有对错之分的。

（四）大学生心理健康课程教学策略的选择原则

每种教学策略都有自己的特点、独特的性能、适用的范围和条件，但没有一种教学策略是万能的，适用于一切范围和条件。因此，选择教学策略应全面、综合地考虑到教学任务、教学目标、教学内容、学生特点、教师特点、教学环境和条件诸多因素，对多种教学策略进行有效组合应用。

教学策略的选择要综合考虑好教学的具体目标、教学内容的特点、学生的实际情况、教师本身的素养以及教学时间和效率的要求。

1.根据具体的教学目标

教学的具体目标，简单的理解就是教师这节课希望传授给学生的基本知识、核心内容以及操作技能。教学的具体目标不是单一的，也不是空洞的，教师一般会把具体目标再分解为认知目标、情感目标和阶段目标，有了这三方面教学目标的清晰界定，教师就对整个教学过程的指向性非常明了，也便于教学评价时有据可依。

（1）认知目标的策略选择。

第一，挖掘心理潜能的认知目标。认识人区别于动物的各种潜能，人的心理潜能的发挥与人的价值实现之间的关系；理解人的潜能是不能自行实现的，需要经过适当的开发；能对自己的心理潜能进行分析与评价。

第二，发展心理能力的认知目标。了解人的心理过程及其个性心理的基本现象；对人的一般心理能力有基本的认识；对自己的心理能力有基本的理解。

第三，塑造健全人格的认知目标。了解各种人格特质对自我发展的积极面与消极面；认识人格塑造对自我发展的意义；对周围人的人格特质能加以识别与评价。

第四，促进良好适应的认知目标。了解自我的身心特点；了解自我在不同情境中的角色及相应的角色规范；了解家庭、学校、社会与自然之间的互动关系及其对个体心理适应的要求。

第五，提高自我修养的认知目标。理解自我、自我意识、自我心理修养的基本内涵；认识自我心理修养在自我发展中的地位和价值；区别自我修养与自我中心的本质差异；客观地认识与评价自我。

第六，维护心理健康的认知目标。认识心理健康在人的身心健康中的地位；了解心理健康的一些基本要求；对自我心理健康状况有正确的认识；对健康与不健康的心理能做正确的区别与评价。

（2）情感目标的策略选择。

第一，挖掘心理潜能的情感目标。在认知基础上认可、欣赏自己的心理潜能；以积极的心向面对自己的心理潜能开发。

第二，发展心理能力的情感目标。对自己的心理能力状态持接纳的态度；发挥情感能力、意志力、道德力等心理能力的增力作用；以开敞的胸怀实现心理能力的发展。

第三，塑造健全人格的情感目标。对高尚的人格特质怀有崇敬之情；对卑劣的人格特质持有蔑视态度；积极、自觉地追求自我人格的完善。

第四，促进良好适应的情感目标。在个人生活、家庭生活、学校生活、社会生活中保持积极进取、乐观向上的心态；认同自身的角色位置；悦纳他人的长处。

第五，提高自我修养的情感目标。勇于自助、乐于助人；以自主但不自专、自尊但不自满、自信但不自傲的态度对待自己；自主克服负面的情绪、情感体验。

第六，维护心理健康的情感目标。保持积极、乐观的心态，有幸福感；能调节情绪的波动，保持心理平和；以积极、开放的态度吸纳心理保健的信息，做到身心愉悦。

（3）阶段目标的策略选择。

第一，挖掘心理潜能的阶段目标。主动配合心理健康教育对心理潜能开发的行动；自觉筹划自我心理潜能的开发。

第二，发展心理能力的阶段目标。积极寻求机遇发展各种心理能力；主动创设条件发展心理能力；通过系统多样的心理健康教育活动使各种心理能力得到发展。

第三，塑造健全人格的阶段目标。优良的人格特质不断强化、张扬；不良的人格特质不断弱化、矫正；对欠缺的人格特质加以补充、发展；在动态中促进人格的不断完善。

第四，促进良好适应的阶段目标。主动适应各种社会关系、人际关系的变化；在社会生活中能自尊、自爱、自立、自强；掌握悦纳自我、控制与提高自我的技能；掌握悦纳他人、改善人际关系的技能。

第五，提高自我修养的阶段目标。在日常行为中能积极加强自我心理修养，掌握提高自我心理修养的有关方法、技巧；在实践中逐步提高自我评价、自我体验、自我控制等方面的自我教育能力。

第六，维护心理健康的阶段目标。优化心理环境，避免负面的心理刺激和超负荷的心理压力；积极面对生活挫折，学会消解挫折所带来的心理压力；及时发现、科学地矫正已存在的心理问题，自觉维护心理健康。

2. 根据教学内容的特点

心理健康教育课程不同于一般课程之处，就在于心理健康教育课程的教学内容分为两个方面，即认知内容和情感体验，心理健康教育课程更看重情感体验。因此，依据教学内容的特点，把教学策略的选择也分为认知内容的策略选择和情感体验的策略选择。

第一，认知内容的策略选择。认知内容就是需要学生去记忆、去掌握的知识。在进行实际教学时，认知内容的安排是很有讲究的。对于有些教学内容，教师比较强调学生的认知学习，如记忆力的培养，教师会告诉学生记忆的基本规律、大脑需要的营养成分以及记忆的窍门等，这些内容不仅需要学生进行情感体验，更重要的是需要学生记住这些知识，才能在生活中得以应用。对于有些教学内容，教师可以在情感体验的基础上进行必要的认知教育，如何为注意，因为注意是一个比较抽象，也较为枯燥的概念，如果教师仅仅向学生讲授注意的话，学生会感到很乏味。教师一般都是通过设计游戏来向学生展示注意在生活中的体现和应用等，这是学生的情感体验。此时，教师就可以向学生讲授注意的几个品质、吸引注意的途径以及抗注意干扰的方法等，在情感体验之后进行必要的认知学习，将使学生对教学内容的掌握更加全面和有效。

第二，情感体验的策略选择。以情感体验为核心的心理健康教育，是与当代的教育思潮相适应的。如今，学生们所要面对的知识库变得越来越浩瀚无边，要想成为一个不被时代淘汰的人，需要学习的领域不仅要宽，更要有所深入。

3. 根据学生的实际情况

由于受遗传、环境、教育以及其他各种因素的影响，学生的心理健康水平存在明显的差异，这种差异不仅表现在各种心理因素上，还表现在年龄特征上。心理健康教育课程是面向全体学生的，所以心理健康教育课程教学策略的选择也应当根据不同年级学生的心理需要，实事求是地列举一些贴近学生学习、生活的典型事例，遵循学生的生活逻辑和心理逻辑，做到循序渐进，设置分阶段的具体教育内容，这是保证学校心理健康教育效果的前提。例如，进行人际关系的心理健康教育时，面对不同年级的学生，所传授的知识内容，所列举的教育实例都应该有所不同，所设计的教育活动也应该有所差别。

4. 根据教师的自身素养

根据大学心理健康课程的特点，结合实际可以试行一种课堂结构，它可以概括为以下几方面。

第一，引入话题（前提）。方式是多种多样的。可以利用同学的来信，教师咨询时接触到的同学们关心的话题，或者是教师发现的同学们生活中经常遇到的生活现象。

第二，创设情景（依据）。可以利用小表演、投影、录像等现代化的教学手段来实现。

第三，展开讨论（基础）。通常教师提出问题，再由学生分组讨论，引导学生自己得出结论。

第四，树立样板（重点）。在讨的过程中，同学们希望听到老师关于这些问题的看法。因此，教师在学生讨论的基础上，提出自己的观点，从正面来引导学生的行为方向。

第五，联系自我（手段）。学生在学习中，如果不将所学内容与自身的实际情况相联系，就不能形成深刻的印象。因此，在树立样板后，教师通常要求学生结合实际来分析他们自身的情况，形成自己对这一问题的正确认识，并将此过程作为一个最重要的环节。

第六，反馈矫正（目的）。通过讨论，联系自我，学生会暴露出一些没有很好解决的问题，教师要对这些问题做出及时的反应，为他们提供有利于其心理调整的反馈信息。

第七，总结深化（核心）。将所学知识进一步地提高，以名言警句的方式将课堂中所涉及的浅显道理从理论上提高，以期从理论的高度去指导实践，最终转变为学生的行为和能力。

当然，以上七个环节并不是一成不变的，具体实施中也可以作灵活的调整，根据备课情况有所侧重。

5. 根据教学效率的要求

心理辅导往往需要较长的时间，因为个体原有认知结构的解构、新认知模式的生成与建构需要经历一个逐步积累、从量变到质变的过程，需要时间，也需要不断强化。从提高心理健康教育实效性的角度而言，可以考虑把课时相对集中起来，一学期安排几天（也可放在假期）或若干个一天或半天进行团体心理辅导活动；也可以先进行一个数天的营地辅导，然后再安排每周或隔周一次的后续辅导。总而言之，团体心理辅导的时间和形式应以完成若干心理辅导过程并确保实现某一心理辅导目标来确定，而不是一成不变地按学科课程模式来安排，团体心理辅导活动才能更加符合人的心理活动规律，更加真实、自然，也更加有效。

（五）大学生心理健康课程教学策略的实践

1. 优化教学环境

第一，在环境设计上要精心考虑，课堂选在温馨的室内或幽雅的室外均可，结合每次活动的实际需要，可以把学生座位调整为"扇面形""圆形""三角形""对半形"或由多个小圆形组成的"花瓣形"等，这有利于学生的沟通和传达感情；第二，选择合适的音乐，让学生伴随着音乐步入教室，营造一种愉快和谐的气氛，使学生保持良好的情绪状态；第三，在黑板上精心设计配画的板书，吸引学生的注意力，调动其兴趣；第四，课前安排不同的热身活动，激发学生的兴趣和热情；第五，精心设计活动尾声，如在"相亲相爱一家人"主题活动结束时，同学可以一边做着手语操一边唱歌，还可以根据不同的活动主题给学生留下思考、留下余味、留下快乐、留下期盼等。

教学的组织形式体现着课程理念，也规定了教室空间的安排，而教室的空间安排又直接影响、制约着教学活动的进程和效果。传统的学科教学以接受学习为主，教室里摆放固定的桌椅和座位。课堂环境应简洁、明快、安静，有充足的光线。如果是分组讨论，就按组摆桌子，各组同学围坐在一起；如果是全班集体讨论，最好是围成圆桌；如果有角色表演等活动，最好围成半圆，空出场地，这样的课堂环境设置，实际包含着新型师生关系观念的确立，体现了心理健康教育课程的特点。

2. 提升心理环境

重视新课导入环节的教学，力求收到"热身"和"点醒"之功效。从新课导入形式而言，教师应尽量避免使用简单化或陈述式的言语导入形式，而应多借助案例评析、故事轶闻、心理测评、角色扮演和游戏等新颖的导入形式，把学生吸引到当前的训练课题上，起到"热身"作用；从功能上而言，教师更应借助适宜的导入形式，让学生知晓自己某方面心理素质的优长和缺失，激发他们参与训练的积极性，起到"点醒"的作用。

正如开展体育运动需要进行身体预备活动一样，在实施心理辅导时也需要做一定的暖身活动。心理辅导是一种心灵与心灵的沟通，要达到其辅导目标，必须营造安全、开放、轻松的气氛，让学生进入一种放松、舒心的情绪状态。只有在良好的气氛与情绪状态下，学生才能积极投入到辅导活动中来，开放心灵，并在活动中获取成长的经验。因此，有效的暖身活动对于保证辅导活动的顺利进行和取得成功是十分必要的。暖身活动的形式很多，大肢体的运动是一种常用的技术，因为身体的放松会减少情绪上的紧张与焦虑。

3. 问题呈现方式

任何一种活动都是在一定问题导引下进行的，问题总是在特定状态下产生的，问题本身即构成一种情境。根据认知心理学的观点，问题是给定信息与目标状态之间主体需要加以超越的一种情境。心理健康教育活动中，一定的问题情境是不可缺少的，但心理健康教育的性质决定了这种问题情境不是停留在单纯的认知意义上，而是涵盖知、情、意、行等多重意义上的问题情境，心理健康教育活动中问题情境的呈现也常常是综合的，需要活动者理解、体验、反思等。在同一问题情境中，主体的反映也常常是各不相同的，它与现行学科教学中"求同"的认知情境截然不同，即心理健康教育活动中问题情境的导向并没有统一的答案，也不求统一的答案，旨在通过情境促进活动者的认知、体验及心理的建构。

（1）言语呈现法。首先，故事联想式，教师在活动开始或活动中，利用学生喜欢听故事的心理，引入故事，同时通过学生的观念联想活动，训练学生的想象力、创造力，训练学生表达内心的感受和经验；其次，讨论澄清式，该方式针对当前学生关心的敏感性问题、热点问题、争论性问题展开专题讨论或辩论，主要指以言语向学生呈现、说明问题，启发学生正确认识自我，激发学生自我成长的愿望和学习的动机。以言语方式呈现问题可以采用讲故事、提问等口头言语呈现方式，也可以通过心理测验等书面操作让学生发现自己存在的心理问题或心理障碍。

（2）声像呈现法。声像呈现法是指教师运用视觉和听觉媒体帮助学生发现问题，利用录像、录音、电影等多媒体手段，真实地再现某些生活场景，让学生或感受环境之优美，或感受人物之心态起伏。大学生的思维虽然以抽象思维为主，但还离不开感性材料的支撑。多媒体辅助教学以其特有的声像呈现，可以使学生各种感官得到延伸，把学生的感官所难以感觉到和不可能感觉到的事物、现象、事件直观、形象地再现给他们，拓展学生认识心理世界的时空广度，同时声像呈现还可改变心理问题的抽象、概括化层次，适应学生的认识发展水平，便于学生接受。利用声像呈现问题时，可以有两种呈现方式：第一，直接呈现，即直接现一个案例或短剧引起学生的心理认同，发现其中人物所具有的与自己相同的心理问题或障碍；第二，诱发心理问题，即通过声像材料创设情境诱发学生已存在的心理问题，引导学生对之进行剖析，分析成因，探索解决途径。

（3）表演呈现法。根据活动需要，让学生扮演活动中某一人物角色，按角色需要思考、行动，体验该人物角色的思想、心理，清楚地认识到其不恰当的思维方式，进而增进自我认识，减轻或消除心理问题，发展良好的心理品质。由学生扮演或模仿一些角色，重演部分场景，以角色的身份，能够充分暴露自己或角色的人格、情感、人际关系、内心冲突等心理问题供全班同学认识和讨论，这种活动由学生自己亲身参与体验，学生在其中更能发现自身存在的问题，是一种富有实效的策略。

4. 问题解决方式

心理健康教育课的实施过程中，可以运用认知探究策略、体验内化策略实现学生认知和情感等心理品质的内化，运用行为训练策略将形成的心理品质外化为稳定的行为习惯。

第一，头脑风暴法。头脑风暴法要求把一个组的全体成员都组织在一起，使每个成员都毫无顾虑地发表自己的观念，既不怕别人的讥讽，也不怕别人的批评和指责，使每个人都能提出大量新观念、创造性地解决问题。头脑风暴法能够释放人的智能，它实践的规则是要求学生说出他们的想法，越快越好；要求学生不能对其他同学无论积极还是消极的想法做任何评价。通过对系列问题的主动积极的思考，学生既找到了解决问题的方法，也在这个过程中通过自己的领悟将解决问题的过程内化为自己的认知策略。

第二，案例研究法。案例研究法旨在帮助学生从对一个特定的片断或情景的集中剖析中发展认识与理解。运用案例研究法的关键是研究主题要经过慎重的选择，要保证所选定的案例确实代表着一个普遍的问题或情况。很显然，如果所选的案例不是普遍问题，学生学习后所产生的体验将来就不可能熟练迁移到真实的生活世界中去。反之，如果案例选择得谨慎得当，就能很好地激发学生的兴趣。许多学生都感觉到从一个案例中认识某些特征或情景比单纯从课本或教师的生硬解说中了解要容易得多。在教师所举案例如果来自学生，就必须坚持心理素质教育中的保密性原则，注意修改某些特征性的细节，以保护当事人的个人隐私。

第三，讨论法。讨论是心理健康教育课的一种常用的教学策略，尽管有些教师感到比较难控制，他们认为课堂讨论需要的准备时间较长，而且本来安排 10 ~ 15 分钟的讨论时间，结果学生们讨论 2 ~ 3 分钟就没兴趣了出现这些问题的主要原因是教师缺乏运用讨论法的具体策略。讨论法的基本策略有两方面：首先，教师对讨论的介入策略；其次，教师对讨论的组织策略。通过讨论，学生能更深入地对自己和他人的心理问题进行思考，并积极地探索解决心理问题、克服心理障碍的方法，在此过程中，也能将学习过程内化为自己应对心理问题的认知策略。

二、大学生心理健康课程的教学保障

心理健康教育课程是以发展和提高学生的心理品质为目标的，开设这门课程，就要立足教育、重在引导、遵循学生的身心发展规律，以保证心理健康教育的实践性与实效性。下面将从大学生心理健康课程的校本教材开发、教学研究两个方面探讨保障心理健康教育课程实施的措施。

（一）大学生心理健康课程的校本教材开发

心理健康教育课程以培养学生良好的心理素质、促进学生自我成长和潜能开发为目的，它不同于专业课程，而是一种以学生为主体，体验性的、回归生活的课程。心理健康教育是一项系统工程，不应只是心理学家的工作，而应该是全体教育工作者的任务。开发适用的校本教材成为普及心理健康教育课程的迫切需求。教材是课程知识的核心载体，是教学活动的施工蓝图。心理教材是教师教学过程中的基本依据，是学生学习和自我成长的参考资料，它主要起到引领和指导的作用，激发学生的兴趣，在潜移默化、循序渐进的过程中促使学生有所体验和感悟，并主动自我探索，培养自身能力。

1.教材编写的指导原则

心理健康教育课程是一个开放的课程体系，它既要满足心理健康基本知识普及的需要，又要满足不同学生对自身心理能力发展的特殊需要。因此，心理教材并非心理理论和概念的枯燥传授，而应更注重实践，突出操作性和发展应用性。教材的编写要遵循以下基本的指导原则。

（1）科学性与系统性原则

第一，科学性、正确性、发展性。教材的内容必须将科学性、正确性放在首位，这是教材编写的基本要求，即所介绍的知识、传输的理念应该是有科学依据、比较成熟的。教材编写的指导思想要关注以人为本、全面发展的理念，注重发展性，即心理健康教育课程的内容和活动形式要有利于学生的全面发展和长远发展。心理健康教育的教材应从积极的人性观出发，重视人的生命和生活，关怀人的价值和使命，关照人的精神和信仰，关注学生心理的整体发展和发展中的每一个学生的整体提升。心理健康教育课程的教学要引导学生关注自己生理和心理发展特点，主动进行心理调适，做积极、乐观的人；以长远发展的眼光来组织和实施教学活动，帮助学生正确认识和处理学习、生活、就业和成长中遇到的心理行为问题，追求身心的全面协调发展，达到自助、助人的教学目的。

第二，系统性、层次性、针对性。系统性指教材通篇结构的合理性，在目标、内容和要求等方面应该有完整的体系，使知识内容成为一个有机联系的整体。与此同时，教学内容和教学要求应体现循序渐进的原则，注意层次性。教材编写可以根据不同年龄学生的心理特点与要求，按照学生在不同时期容易面临的典型问题来组织。例如，设计有关自我意识、情绪情感、人际关系、学习策略、异性交往、生涯发展等方面内容，采用由简到繁、由低到高、由浅入深的编排方式，依据学生心理发展特点整体规划，有所侧重、相互渗透、相互支持，使心理健康教育目标分层次地重复出现、逐步拓展，从而使学生在学习过程中自然地跨过一个个台阶，不断提升知识结构、发展能力。

教学内容应具有针对性。教材编写应有所侧重，关注学生的生活经验，关注他们的认知方式与思维品质，关注他们的多元需要与兴趣爱好，从学生面临的社会和自身的热点问题着手，从中选择典型事例作为教材的基本内容，引起学生的兴趣，进而深入探讨某些跟学生实际生活紧密相关的问题，设计相关的活动方案，提供心理互动、心理体验与心理建构的场景，因材施教，使学生通过学习和活动增进自我认识、学会自我调适。

（2）灵活性与开放性原则

第一，精选活动，重视时代性。学生心理的发展，良好心理品质的养成，并不是仅仅通过心理学知识的学习就可以达到，而是要让学生在丰富多彩、形式多样的体验性活动和环境中，通过参与游戏、情境体验、角色扮演、行为训练、讨论分析等方式，自己去体悟和感受，自我教育。因此，教材需要充分考虑到心理健康教育课程的特点，根据学生不同年龄段的心理需求，创设大量丰富的活动。

但要注意的是，心理健康教育课程的活动内容应精练科学，组织形式应精巧细致。从学生的实际出发，选取更贴近学生生活需求的主题（如学生情绪的调节、悦纳自我、青春期成长、人际关系、学习策略、求职就业、创业创新等），进行单元设计，组织相适应的活动，应精选最能激发学生参与热情、产生情感共鸣的形式，更多地关注活动过程的引导和活动结束后的启发、感悟与总结。此外，活动内容和形式的时代性也不容忽视。与一般学科课程不同，心理健康教育课程的内容是基于学生自我健康成长而设计和展开的，需要学生参与课程内容的商定、建构和运作的整个过程。因此，选取的活动应具有时代性，富有变化，根据学科的发展不断更新教学内容，使其能够跟上学生的关注点和思维变化，与时代发展和学生的成长联系更紧密。

第二，开放教学，留有伸缩性。教材内容、教学活动和教学方法应具有较大的灵活性和开放性，尤其强调自主创新。在不违背整体教学思路的前提下，教材应该具有一定的弹性和伸缩性，允许使用者根据学生的实际需要，对教材内容进行适当的取舍和补充。根据教学过程的感悟和教学后的评价讨论，适当调整课程结构、增减课程内容、改变课程教学形式，还可以向学生提供一定的自读材料，供感兴趣的学生自己阅读和学习。

（3）操作性与适用性原则。

①适教宜学。第一，心理健康教育的教材应当是可读的。教材不是本学科知识的简单的缩写本，而是从教育目的出发，在讲授学科内容体系及其内在联系的基础上，遵循教育教学规律特别是学生的认知规律，从整体上对学科知识内容进行选择、组织、编排并科学表达的再创造过程。教材编写应注重利用通俗易懂的案例、生动有趣的故事来组织内容，教学的内容、分量和难度是学生能够接受的，但又要有一定的难度，以充分调动学生学习的积极性并激发学习的潜能。从学生的角度而言，高质量的教材应该好用、易读，方便学习，容易激发学习兴趣，有利于调动学习的主动性。第二，心理健康教育教材的编写应注重生活化，内容来源于生活，应用于生活。学生心理问题来源于学习、生活的方方面面，教材提供与学生经历类似的故事，在生活世界中选择适合学生心理特点的典型材料，注重心理生活场景的设计和情境的渲染，在具有生活化的活动情境中，学生的自主认知、体验、反省与思考能够增进其心理素质发展，更有利于心理健康教育知识的迁移，学习效果得以提高。第三，教材不仅要符合学生的知识水平、认知水平和心理发展水平，还要有一定的趣味性。尽可能选择学生感兴趣的题材加以修改利用，紧密联系学生的实际生活，尽量淡化纯心理学概念，通过图文并茂、生动形象的内容资料，趣味性较强的活动互动，激发学

生参与的兴趣和热情，引发学生的积极思考和自觉实践，鼓励和促进学生个性的发展。

②适用务实。突出心理健康教育课程的适用性，是当前学生心理健康教育的重点。适用务实是指课堂上要讲授学生最关心、最迫切希望、最需要解决的心理发展问题，联系实际、体现实用、突出实践、注重实效，以提高学生的综合素质和能力。可以重点介绍一些技巧、方法等，添加应用性的知识和活动环节，注重引导学生了解心理健康的基本常识，掌握调适心理健康的基本方法与技术，增强维护自身心理健康、促进心理和谐发展的自助意识与实践能力。

2. 教材编写的具体方法

心理健康教育课程主要是通过教师与学生共同活动来进行的，所以可以把这些共同活动的方式看成心理健康教育课程教学的方式或方法。活动的组织是课程设计的重要组成部分。根据教材编写遵循的指导原则，下面主要从内容选择、课程设计、教学评价等方面介绍一些具体的方法供参考。

（1）提炼教材内容

心理健康教育教材的编写应突破学科体系构建的传统模式，整合相关知识和材料并提炼概括，最终形成若干学习的主题，展现不同的学习视角和问题视角，使之有利于促进学生的情感、态度、能力、价值观在相互联系中得到和谐发展，即教材呈现出主题系列单元活动的特点，这就涉及如何选择和确定教学主题，以及如何筛选操作性强、课堂效果好又富有意义的活动这两方面的内容。

①联系学生实际和需求，确定课程主题。从学生生活实际切入，以学生以往的经验为起点，有针对性地确定教学主题，使教材内容适应学生的身心发展规律，能够解决学生面临的困惑和难题，满足其需要。在心理健康教育中，关注学生的心理需求，特别是自我价值需要的满足，具有重要的意义。在编写教材前，必须通过大量的调查、访谈，必要时还要运用心理测验等对学生做全面的了解，具体有以下途径：通过学校心理咨询室来访学生的情况及记录资料，了解学生的普遍困惑和个别问题；重视班级学生的日记、周记及作文等记录其日常学习、生活和思想的资料；平时注意多观察学生的思想动态和行为表现；对各班级学生进行调查，让学生提出希望在心理课上听到的主题，并对收集来的信息进行分类总结等。

心理健康教育课的教学不是为了让学生掌握心理学方面的专业知识，而是围绕学生中普遍存在的心理和成长问题，选择切入点，帮助学生解决实际问题，达到互助自助的目的。因此，教材编写要特别注意从学生生活和社会实际切入，选择贴近学生生活的素材和开放性的内容，并考虑不同地区和学生的特点，这样有利于教学过程中学生的主动参与和自主学习，同时也使学生对社会形成比较全面、客观的认识，具体包含以下几方面。

第一，自我探索。帮助学生认识自己，建立自信，克服自卑，认识自己的社会价值，选准自己的发展前途与人生目标，形成成熟的自我意识。

第二，自我调适。培养学生形成更为完善的意志品质，增强自觉性、果断性和自制力，进一步完善人格，掌握情绪调节的技巧，合理应对压力。

第三，学会学习。向学生解释学习的一些规律，以及学习中遇到的一些问题，如何利用时间、如何提高学习效率、正确看待考试、适应学习环境与学习要求等，帮助其做好职业和生涯规划。

第四，人际交往。增强学生集体意识和人际交往能力，让其学会与他人共处。让学生懂得如何处理同学之间的交往，包括交往技巧、交友、恋爱等，还有师生关系、父母与孩子之间的关系。

第五，保持快乐心情。给学生强化一种理念，即快乐无时不在，无处不在，关键在于是否善于发现，善于创造，是否能以积极乐观的心态面对生活。

第六，学会休闲。休闲并不单纯是娱乐，还承担着培养良好心理品质、维护心理健康的积极作用。独处和闲暇活动是学生实现人格和谐、平衡发展所必需的。引导学生培养积极的心态，加强自律、自我管理，正确把握休闲的内涵，坚持正确的休闲活动原则，即有理、有利、有节，提高休闲能力，培养一些高雅的兴趣和爱好，学会自娱，这对维护身心健康是极为重要的。

②精选形式多样的活动，建构教学模块。心理健康教育课程以学生的体验为主，这就要求教材编写时要设计形式多样的活动来建构教学主题的每一个具体模块。但要注意，活动并非越多越好，而是要精致巧妙，既要达到教学目的，又要能活跃课堂气氛，促使学生积极参加并融入其中。衡量一堂课程中的活动设计是否得当，可以考虑以下方面：第一，是否有明确的、适当的目标，如要求学生"消除不良情绪"就不是一个适当的目标，因为任何情绪都有其存在的合理性，要消除所谓"不良情绪"是不可能的，也是做不到的；第二，是否符合该年龄段学生的生活实际；第三，是否包含冲突或者能引起学生情感共鸣的情境；第四，是否有利于学生扩展认识范围，获得有益的人生体验；第五，是否为学生扩展思维、倾诉内心忧虑、实践自己的承诺提供了机会；第六，一堂课所包含的活动目标之间是否有一定的独立性、连贯性、递进性，如"学会倾听"这一心理健康教育主题，就可以设计成几个活动，如体验别人不愿倾听自己时的心情，讨论倾听的意义和技巧，运用所学的策略去增进与他人的沟通和理解；第七，活动方式是否多样化。心理健康教育课程中，常见的问题大多是书面练习和讨论，活动方式单一，可以采用的活动形式是多种多样的，

如书写练习、身体运动、阅读练习、反馈练习、信任游戏、角色扮演、自我肯定练习、道德两难推理、价值澄清游戏、行为训练、竞赛活动等。

（2）灵活设计课程

①运用多种方法，教学与活动结合。不同学校、不同年级的学生既存共性又有个性，即使是同一年级的学生，不同班级的情况也是不相同的，因此，课程设计要富有变化性，综合运用多种方法来组织教学活动。心理健康教育课不是单纯的知识课，而是实际应用课。课堂中虽不可避免要讲授一些心理学的基本知识，涉及一些理论，但是若教师过多地讲授那些高深的心理学知识，则会使学生对心理健康教育课望而生畏并失去兴趣。学生更喜欢以生活案例为线索的授课方式和开放式的讨论，讲授一些必要的理论知识、讲明基础概念和基本框架即可。

教师应注重教学要与学生的日常生活实际相结合，如采用情景式、讨论式、模拟式、现场咨询等多种方法展示发生在学生身边的最关心的事例，这样更容易引起学生的共鸣，更有说服力，有利于学生在实际运用中去体会和理解。编写教材时可以借助团体辅导的某些游戏形式，如头脑风暴、角色扮演、行为训练、小品表演、小调查等，让学生亲身参与游戏，积极互动，多给学生体验和感悟的空间，催生与其他同学分享的情感和欲望，推动自我开放行为的产生，使心理健康教育课程真正成为一个认知、体验、合作、分享有机结合的体验式教学过程。此外，教材中的知识宜用富有感染力的语言来呈现，避免大段知识性文字的枯燥陈述，而只起引入论题、激起兴趣、强调重点的作用，且尽量采取一种平等对话的风格，增加文字和设计的亲和力，减少学生的学习负担。

教材编写时要注意体现教学与活动的结合，正确处理"教学"与"活动"的关系。心理健康教育课程活动的自主性、内容的广泛性、过程的体验性、形式的多样性等特点，决定了学生是课程的主体，教学主要以"活动"为主，而不是以教师的"教"为主，教师的作用主要是引导、催化、建议。在开放式的课堂氛围中，学生始终处于独立探索、主动调整和自我完善的状态。具体操作时，应注意：首先，活动一定要围绕目标设计，围绕主题展开；其次，活动形式多样，但并非越多越好；最后，注意全体学生的参与性和活动的实效性。

②注意突出重点，讲究实用性。心理健康教育教材在课程设计上应充分体现层次性，突出重点。编写时可以将教材内容设计成既有必教必学的，又有选教选学的；既有精讲内容，又有泛读内容，这样教师在教学过程中就可以在必教必学和精讲内容上多花精力，将学生成长中的共性问题讲透，培养学生形成较高的心理素质，使学生掌握一些必备的技能，提高自我调适能力。而在选教选学和泛读内容上的讲解就可以相对简单些，也不用再设计

过多的活动，只找出重点让学生了解相关知识，解决部分学生的一般心理障碍，合理把握课堂教学设计的重点还体现在实用性上。教材编写时，可以将与学生密切相关的知识介绍得详尽些，以通俗易懂的语言让学生理解，避免晦涩的专业术语，还要注意联系学生的实际生活需要，尤其应把某些实践技能的运用作为重点，设计丰富有趣的活动，让学生在情境体验、游戏互动中得到训练和提高，掌握相应的技巧和能力，从而学会在实际生活中如何面对一些类似问题和困惑。

③拓展相关资料，提供多种方案。教材中适当附上一些心理学的趣闻、小知识、心理测验、相关阅读材料等，这样可以使学生根据自己感兴趣的问题，有针对性地选择相应的阅读材料以解决实际的问题，提高心理上的自我认知和调节能力，同时扩充学生的心理学知识，增加教材的趣味性和可读性。教材中的教学活动设计应尽可能地提供多种方案，供教师根据学校和学生的实际情况进行选择，灵活取用。

（3）加强教学评价

①注重体验分享。大学生心理健康教育课程以过程性评价为主，强调学生的参与性、自主性、实践性，让学生在活动、故事、心灵体验中体会、感悟和升华。心理健康教育课程是教师为学生创设一个放松心情的缓冲地带，学生能够重新审视自我、认识自我、悦纳自我，为更好地发展自我奠定基础。教学效果的评价和学生成绩的评判主要是看学生在课堂上是否充分采用活动、体验、探讨和分享等多种方式学习，看其投入程度如何，获得的体验效果如何，与他人的交流互动情况如何，是否用于尝试和表现，是否大胆实践等。学生通过体验与分享实现感悟，再将感悟内化为自己的行为习惯，形成稳定的心理品质。

心理健康教育课程中设计的各种活动都具有开放性的特点，学生表述的观点和表现的行为并没有绝对的对错之分。因此，教学评价者需充分接纳学生，表现出理解、尊重的态度，这点在教材编写时应当有所体现，教师在教学活动过程中，要营造一个宽松的课堂氛围，尊重学生的需要和看法，承认学生的独特性，采取无批评态度，同时引导其他学生站在他人的立场上去理解他人的感受。教学设计应倡导学生把他们的想法充分表达出来，并提供新的信息、新的观察问题的视野，或对类似问题正确处理的事例，以引导学生自主探索，针对主要问题多次展开讨论，让学生自己得出合理的结论，做出合理的决策。切忌对学生的回答或表现立即做出正确与否的评价或求全责备，使学生紧张怯懦。

②注重突出实效。心理健康教育课程的活动设计，不是为活动而活动，也不仅仅是给学生提供一个集体放松的游戏的场合，它应当致力于学生知、情、意、行的全面改善，其中，一些自我心理调适能力和应用性实践能力的培养是极其重要的。对于这些方面，教材编写时应当有所侧重，课程的导入和一步步深入都必须详尽设计，要使活动的开展和教师的讲

授真正有所成效，如是否使学生的视野得到了扩展，是否改变了其观察问题的方式，是否获得了有益的情感体验，是否获得了有用的生活技能，是否产生某种有意义的行为意向等。

（4）优化教材编写队伍

教材编写人员既要有从事心理健康教育研究的有关学科的专家、学者，有长期在教研部门从事教学实践研究的工作者，也要有在一线从事心理健康教育实践工作的教师。多元优化的编写队伍，可以保证教材的科学性和准确性，准确把握教学改革的最新精神及具体方案，同时增强教材在内容的选择和文字的表达上的合理性，其形式也较符合各年龄段学生的认知水平和接受程度。

（二）大学生心理健康课程的教学研究

开设心理健康教育课程，目的是提高学生的心理健康素质。如何更好地利用课程教学，教授心理健康理论知识和心理调适方法与技能，最大限度地提高心理健康教育的预期教学效果，一直都是众多从事心理健康教育教学的心理学工作者和教师们十分关注并不断思考、探索、实践的课题。通过研究与探索，心理健康教育课程在教学内容、方法和形式等方面都有相应的改进与创新，并且仍在不断发展。

1. 提出问题

科学研究都是从问题开始的，从事心理健康教育课程的教学研究首先要有一个选题的过程，主要任务就是提出假设，并考察选题的合理性和科学性。问题提出主要考虑教学的实际情况，可以从心理健康教育的内容、方法、实践等多个方面考虑，需要明确为何要做这项研究（目标）、这项研究和其他研究范式之间的联系以及研究现象已具有的内容和相关理论。研究问题如果太过宽泛，可能无法决定怎么收集数据、无法确定理论问题以及研究是否达到目标；而如果太过精细，就可能让人忽略对研究目标有重要意义的内容。

研究课题的选择不仅是研究的起点，还是决定整个研究工作成败的关键它决定了研究方向是否恰当、研究能取得怎样的成果、价值如何、是否易于得到资助，甚至还决定着研究将采用的方法。因此，要高度重视、认真做好课题选择工作。

（1）课题选择的原则

第一，需要性原则，即根据社会发展的客观需要和心理学自身发展的需要来选题；第二，创造性原则，即课题要解决前人没有解决或没有完全解决的问题，必须有创新和独到之处；第三，科学性原则，即选题应在一定的科学理论指导下进行，必须有一定的事实根据和科学依据；第四，可行性原则，即根据研究者具备的主观条件和客观条件选题，以保证能按质按量地完成课题。

（2）课题选择的策略

第一，从社会实践、现实生活中选择课题。心理健康教育课程所要达到的重要目标之一就是解决社会实践、现实生活中的问题。因此，应当根据社会的需要，看清时代的潮流，选择当前社会实践中迫切需要解决的一些问题作为研究课题。第二，从理论观点中选择课题。具体而言，为证实他人或自己的某一理论观点而选择相应课题，根据不同理论观点之争选择课题，通过对现有理论观点进行质疑而提出研究课题。第三，从研究文献中选择课题。通过查阅与评价研究文献来选择课题，应特别注意和思考在已有研究文献中忽略研究的一些问题，以及研究结果中相互矛盾的地方和方法学方面存在的问题，可对现有的某些研究进行必要的重复。第四，在研究过程中选择课题。随着研究的进行和深入，研究者将会发现许多新的线索、已有研究存在的不足以及遇到各种意外事件，进而提出或构思出需要研究的许多新课题。第五，根据当代科学在理论、方法、学科交叉等方面的新进展选择课题。

2. 研究方法

心理健康教育课程教学的研究方法是指研究问题所采用的各种具体途径和手段，具体包含以下几方面。

（1）实验法

实验法指有目的地控制一定的条件或创设一定的情境，引起被试的某些心理活动，从而进行研究的方法，它包括实验室实验法和自然实验法。实验室实验法是在实验室内利用一定的设施，控制一定的条件，并借助专门的实验仪器进行研究，探索自变量和因变量之间的关系，它严格控制各种因素，通过专门仪器进行测试和记录实验数据，一般具有较高的信度。通常多用于研究心理过程和某些心理活动的生理机制等方面的问题。自然实验法是在日常生活等自然条件下，有目的、有计划地创设和控制一定的条件来进行研究，它比较接近人的生活实际，易于实施，被广泛用于研究教育心理学、儿童心理学和社会心理学的大量课题。

（2）调查法

调查法以向被试提问的方式收集资料，可分为口头调查（访谈法）和书面调查（问卷法）。调查法能够同时收集到大量的资料，使用方便，并且效率高。

第一，访谈法是研究人员通过与被调查者直接交谈，来探索被调查者的心理状态的研究方法。言语是人心理活动的最重要的外部表现之一。访谈调查时，研究者与被调查对象面对面的交流，针对性强、灵活、真实可靠，便于深入了解多种因素结合的内部原因，但比较费人力和时间，调查范围比较狭窄。采用这一方法研究时，首先应当根据研究的目的和谈话对象的特点拟订谈话的话题和内容，话题和内容应当是访谈对象能够回答和乐于回答的，并能从中分析出他的心理活动的；访谈时还需随机应变，随时提出足以了解对方心理状态的具有灵活性而又恰当的问题；谈话的过程和结果应当由研究者本人或共同工作者详细记录，如征得被调查者同意能用录音机记录，则更为方便、可靠，具体可以参考以下步骤：首先，访谈开始，应向被调查者说明访谈的目的和基本要求；其次，逐步提问，倾听回答，对于谈话要收集的内容可以用脑记，也可以做笔记，还可以征得调查者同意用录音机记录，以备以后整理分析；再次，访谈结束，要专门对材料作整理，形成陈述性材料，并作一定的统计性整理；最后，得出结论性的东西。例如，被调查问题的现状、性质，产生问题的原因等，并随之提出建议、意见。

第二，问卷法即书面提问的方式，通过收集资料，然后作定量和定性的研究分析，归纳出调查结论，这种方法比较简单易行，且同时可以研究很多学生的状况，但有时可靠度不高，回答可能无法代表被试真正的心理状态。

（3）观察法

观察法指研究者有目的、有计划地通过感官或借助于一定的科学仪器观察被试在一般生活条件下言语和行为的变化，积累资料，并根据观察的结果判断心理健康教育教学过程中学生心理发展的特征和规律。观察的资料比较真实，具有及时的优点，能捕捉到正在发生的现象和一些无法言表的资料。但是，可能会受到时间的限制，受到观察对象和观察者本身一些因素的制约，而且也不能直接观察到事物的本质和人们的思想意识，不适用于大面积调查。

（4）测量法

测量法指采用一定的操作程序给心理和行为确定出一种数量化的价值，包括心理量表法、测验法、心理物理法等，其中心理量表法所使用的量表根据制定量表的单位和参照点的种类不同，可分为名称量表、顺序量表、等距量表和比例量表。测验法也称心理测验，内容广泛，形式上可分为言语测验和操作测验。心理物理法研究心理量和物理量之间的对应关系，主要包括极限法、恒定刺激法和平均误差法。

（5）个案分析法

个案分析法指认定研究对象中的某一特定对象，加以调查分析，弄清其特点及其形成过程的一种研究方法。通常个案分析法研究有三种基本类型：首先，个人调查，即对组织中的某一个人进行调查研究；其次，团体调查，即对某个组织或团体进行调查研究；最后，问题调查，即对某个现象或问题进行调查研究，具体包括以下几方面。

第一，心理档案分析。指收集有关被试资料（如日记、档案、图画等）的一种研究方法。可以采用大学生心理健康状况自评量表（卡特尔16种人格因素测验）对学生进行系统的心理健康测查，根据测查情况对学生的心理状况进行分类并建立心理档案。心理档案为有针对性开展"心理健康教育课程"教学及进行跟踪关怀提供了重要依据。

第二，学生作品分析，指通过对学生作品的分析来了解其某一方面心理活动的一种方法，如分析日记、作文、绘画、各种作业、工艺制作等。此外，还可以通过投射图来调查。人们往往凭借图画的构思与介绍，对真实的自我进行解剖，这种剖析不会让人们感受到影响，也不会让人们难堪，绝大多数人还会享受作画本身带来的愉悦感。在心理健康教育课程教学研究中，学生按照心理老师的安排，画出的那些相应的图画。观察这些投射图，可以了解每个学生现在的心理成长状态、情绪水平、家庭基本氛围、以往有无重大创伤性经历、人际交往能力等重要信息，以便有针对性地开展心理健康教育。

（6）文献综述法

文献综述法指确定选题后，在对选题所涉及的研究领域的文献进行广泛阅读和理解的基础上，对该研究领域的研究现状（包括主要学术观点、前人研究成果和研究水平、争论焦点、存在的问题及可能的原因等）、新水平、新动态、新技术、新发现、发展前景等内容进行综合分析、归纳整理和评论，并提出自己的见解和研究思路，它要求研究者既要对所查阅资料的主要观点进行综合整理、陈述，还要根据自己的理解和认识，对综合整理后的文献进行比较专门的、全面的、深入的、系统的论述和相应的评价，而不仅仅是相关领域学术研究的"堆砌"。文献综述的过程可分为六步：选择主题、文献搜索、展开论证、文献研究、文献批评和综述撰写。检索和阅读文献是撰写综述的重要前提工作，一篇综述的质量如何，很大程度上取决于作者对相关的最新文献的掌握程度。

心理健康教育教学的研究，有时不是单独地采用一种方法，而是根据研究的需要采用综合的方法；或者以某种方法为主，以其他方法为辅；或者交错运用几种方法。例如，在个案研究中，可能是观察、调查、作品分析、鉴定材料分析、教育心理实验等各种方法互相配合运用心理健康教育研究往往根据与被试有关的两个变量之间的相互关系来解释被试的心理和行为特征。一般说来，研究者先选定两个可测量的变量（如年龄、智力、兴趣、学习成绩等），再对被试者这两个变量的测量结果用相关法进行统计计算，然后根据得到的相关系数对研究结果做出解释。

参考文献

[1] 齐艳波，杨鑫，王芳．大学生心理健康课程建设与改革路径探析 [J]．课程教育研究，2019（20）：40.

[2] 瞿珍，瞿彬，李建华，等．大学生心理健康 [M]．上海：华东理工大学出版社，2018.

[3] 郑冬冬，张超，袁玲巧，等．大学生心理健康 [M]．重庆：重庆大学出版社，2014.

[4] 张琴．构建大学生心理健康教育课程评价标准研究 [D]．成都：四川师范大学，2013：13.

[5] 中共贵州省委教育工作委员会，贵州省教育厅．大学生心理健康 [M]．贵阳：贵州科技出版社，2012.

[6] 张汉芳，金琼．大学生心理健康 [M]．广州：世界图书出版广东有限公司，2014.

[7] 饶淑园，赖美琴，许炯，等．大学生心理健康 [M]．广州：暨南大学出版社，2014.

[8] 王道阳．学校心理健康教育课程原理与操作 [M]．芜湖：安徽师范大学出版社，2014.

[9] 唐仁郭，唐文红．致心灵：大学生心理健康教育课程教案集锦 [M]．桂林：广西师范大学出版社，2015.

[10] 许思安，攸佳宁，罗品超，等．心理健康教育课程设计与组织 [M]．武汉：华中科技大学出版社，2016.

[11] 赵玲玲．心理健康教育课程对大学生压力管理能力开发的研究 [D]．桂林：广西师范大学，2018：21-51.

[12] 李辛培．当代大学生健康人格培养研究 [D]．青岛：中国海洋大学，2014：21.

[13] 韩中敏．大学生人格缺陷反思及健康人格教育 [D]．合肥：合肥工业大学，2009：31.

[14] 马永亮．通识教育视域下大学生心理健康教育课程重构与实践研究 [J]．开封文化艺术职业学院学报，2021，41（4）：189-190.

[15] 汪明贺．多重视角下大学生心理健康教育课程改革的探索与实践 [J]．商情，2019（50）：257.

[16] 陈玉荣．大学生心理健康教育课程改革的探索与实践 [J]．学园，2015（17）：65-66.

[17] 杨爱东，高德升．成功心理教育与大学生健康人格 [J]．泰山学院学报，2012，34（4）：

135.

[18] 陈加欣．大学生心理健康教育课堂教学模式的研究 [J]. 辽宁丝绸, 2022（1）: 67-68.

[19] 李忠艳, 雒文虎, 胡菊华．大学生心理健康教育课程建设的困境及突破 [J]. 黑龙江高教研究, 2021（12）: 145-149.

[20] 杨正英．刍议大学生心理健康辅导 [J]. 大学教育科学, 2010（2）: 101-104.

[21] 吴文博．"健康中国"视域下的高校大学生心理咨询模式的构建研究 [J]. 黑龙江教育学院学报, 2018, 37（10）: 96.

[22] 丁闽江, 苏婷茹．大学生心理健康素养现状分析及提升策略 [J]. 扬州大学学报（高教研究版）, 2020, 24（02）: 66.

[23] 张信容．发展性咨询——大学生心理咨询的主要模式 [J]. 福州大学学报（哲学社会科学版）, 2011, 25（1）: 61-64.

[24] 赵欣宇．高校大学生心理咨询相关研究述评 [J]. 中国成人教育, 2014（18）: 71-73.

[25] 孙光．社会转型时期大学生自我认同困境与化解 [J]. 辽宁高职学报, 2015, 17（11）: 97-100.

[26] 白楠．当代大学生心理压力成因及对策 [J]. 黑龙江科学, 2021, 12（9）: 158-159.

[27] 贾俊飞．大学生心理压力来源与心理干预对策研究 [J]. 平顶山学院学报, 2021, 36（6）: 119-123.

[28] 唐楠, 钟梦诗, 王晓燕, 等．大学生心理压力调查及影响因素分析 [J]. 护理研究, 2017, 31（36）: 4681-4683.

[29] 杨青．大学生心理健康课程建设与改革路径探析 [J]. 中外交流, 2021, 28（5）: 453.

[30] 王建坤, 马喜亭, 杜玉春, 等．大学生心理健康课程互动式教学模式探索 [J]. 北京邮电大学学报（社会科学版）, 2015, 17（5）: 103-107.

[31] 于瑛琦．大学生心理健康课程对心理危机干预的影响研究 [J]. 经济研究导刊, 2020（29）: 71-72.

[32] 李焱．入学教育视野下的大学生心理健康课程模块探究 [J]. 现代教育科学（高教研究）, 2014（2）: 53-55.

[33] 柳艳艳．大学生心理健康课程改革路径探析 [J]. 科教文汇, 2019（24）: 90-91.

[34] 叶焕勤, 沈玉梅．新时代大学生自我实现路径探微 [J]. 宿州教育学院学报, 2021, 24（5）: 34-37.

[35] 陈京明．当代成人大学生自我实现路径探析 [J]. 中国成人教育, 2016（14）: 24-26.

[36] 昝旻．关于心理健康教育课程设计的思考与研究 [J]. 教育教学论坛, 2015（39）:

177-178.

[37] 徐欣，侯谕融.人本主义自我实现观下大学生健康人格的反思[J].文学教育（中），2017（11）：96-99.

[38] 罗晓路.大学生心理健康教育的现状与对策[J].教育研究，2018，39（1）：115.

[39] 明卫红.媒体时代大学生自我认同的困境及对策[J].黑龙江高教研究，2011（11）：128-131.

[40] 刘振海，王慧.地方本科高校大学生自我认同危机及心理干预探索[J].中国成人教育，2017（21）：50-53.